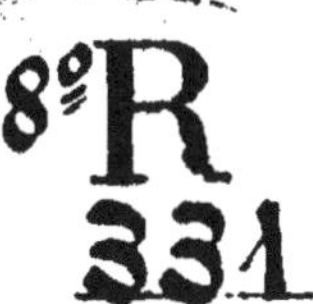

CONTRE-AMIRAL RÉVEILLÈRE

Ténèbres et Idéal

(*AUTARCHIE*)

Honorer Dieu,
Aimer l'humanité,
Agir en brave.
(*Triades.*)

BERGER-LEVRAULT & Cie, ÉDITEURS

PARIS
5, rue des Beaux-Arts, 5

NANCY
18, rue des Glacis, 18

1907

Ténèbres et Idéal

OUVRAGES DU MÊME AUTEUR

La Conquête de l'Océan. 1 vol. in-12	3f50
Un Coup de sonde dans l'océan des Mystères. 1 vol. in-12	2 »
Tutelle et Autarchie. 1 vol. in-12	2 »
L'Europe-Unie. 1 vol. in-12	2 »
Croix et Croissant. 1 vol. in-12	2 »
Recherche d'Idéal. 1 vol. in-12	2 »
Extension, Expansion. 1 vol. in-12	2 »
Propos d'Autarchiste. 1 vol. in-12	2 »
Christianisme et Autarchie. 1 vol. in-12	2 »
Sur le Pont. 1 vol. in-12	2 »
Méditations d'un Autarchiste. 1 vol. in-12	2 »
Mégalithisme. 1 vol. in-12	2 »
Politique autarchiste. 1 vol. in-12	2 »
Doutes et hypothèses. 1 vol. in-12	2 »
Autarchie religieuse. 1 vol. in-12	2 »
Libre penseur et Chrétien. 1 vol. in-12	2 »
Pensées d'un libre croyant. 1 vol. in-12	2 »
Libres Pensées chrétiennes. 1 vol. in-12	2 »
Hypothèses et Croyances. 1 vol. in-12	2 »
En quête de Lumière. 1 vol. in-12	2 »
Espoirs et Doutes. 1 vol. in-12	2 »
L'Inaccessible. 1 vol. in-12	2 »
Vers l'Inconnu. 1 vol. in-12	2 »

(BERGER-LEVRAULT ET Cie, *éditeurs.*)

Gaules et Gaulois. 1 vol. in-16	1 »
Énigmes de la Nature. 1 vol. in-16	1 »
A travers l'Inconnaissable. 1 vol. in-16	1 »
Graines au Vent. 1 vol. in-16	1 »
La Voix des Pierres. 1 vol. in-18	1 »
Germes et Embryons. 1 vol. in-18	1 »
Réflexions diverses. 1 vol. in-18	1 »
Le Haut-Mékong. 1 vol. in-8	2 »
Cochinchine et Cambodge. 1 vol. in-12	3 50
Autour du Monde. 1 vol. in-12	3 50
Contre Vent et Marée. 1 vol. in-12	3 50
Lettres d'un Marin. 1 vol. in-12	3 50
Les Trois Caps. 1 vol. in-12	3 50
En Mer. 1 vol. in-12	1 »
Récits et Nouvelles. 1 vol. in-12	1 »
Mers de l'Inde. 1 vol. in-12	2 »
Mers de Chine. 1 vol. in-12	2 50
Un Jour à Monaco. 1 vol. in-18	1 »
A Barcelone. 1 vol. in-18	1 »

(FISCHBACHER, *éditeur.*)

CONTRE-AMIRAL RÉVEILLÈRE

Ténèbres et Idéal

(*AUTARCHIE*)

Honorer Dieu,
Aimer l'humanité,
Agir en brave.
(*Triades.*)

BERGER-LEVRAULT & Cie, ÉDITEURS

PARIS
5, rue des Beaux-Arts, 5

NANCY
18, rue des Glacis, 18

1907

PRÉFACE

Comme toute chose, la religion évolue; il y a loin du *Christianisme moderne* de Giran et des Hollandais au paganisme.

La religion peut être soumise aux jugements d'existence ou aux jugements de valeur. Dans ces derniers, on ne s'occupe ni de son origine ni de son histoire, on envisage seulement l'essence de la religion pleinement épanouie. Les jugements de valeur peuvent différer notablement des jugements d'existence. Autre chose est l'esprit de l'Évangile décortiqué, par la critique moderne, des préjugés de son époque et du milieu où il naquit, autre chose l'histoire de l'Inquisition.

On a justement comparé la religion à l'art (comprenant la poésie); à l'origine, ils étaient confondus. D'où vient la grandeur de l'art? Son mérite est d'être un produit de l'imagination libre. Il est une création (par conséquent un acte de liberté) de notre espèce.

Selon moi, la religion est un produit spontané de l'imagination réfléchissante et chercheuse, par conséquent un produit de la liberté humaine. C'est un édifice spirituel, construit selon les connaissances du temps, répondant au besoin d'expliquer le mystère de l'Univers, de notre existence, de notre destinée, mystère devant lequel la science et la raison restent également impuissantes.

Certains individus manquent du sens religieux, comme d'autres manquent du sens musical; ce n'est pas un délit, c'est une infirmité. D'autres, au contraire, souvent névrosés, tombent dans les exagérations de l'extase religieuse ou musicale.

Le sens religieux exige une culture comme le sens de l'art. L'essentiel religieux est la confiance dans cette puissance supérieure inconnaissable à laquelle Jésus a donné le nom de Père.

L'art et la religion, si intimement unis pendant longtemps, tel est le domaine où la liberté humaine se meut avec le plus d'indépendance, affranchie presque de toute entrave.

Voilà pourquoi la religion subira peut-être les révolutions les plus imprévues, sans disparaître plus que l'art.

Il y aura toujours des gens religieux, comme il y aura toujours des poètes et des artistes.

La science est le domaine de l'hétéronomie, comme la religion est le domaine par excellence de la liberté — je ne vois rien de paradoxal à soutenir que la religion est à la fois le premier balbutiement et la forme supérieure de l'autarchie.

La science et la religion sont les deux pôles de la pile spirituelle qui entretient le courant intellectuel de l'humanité.

*
* *

« L'Univers est par une cause fortuite ou par une cause interne ou par une cause externe. »

Cette vieille proposition est relativement bien moderne si l'on remonte aux origines de la pensée humaine. Elle correspond à trois conceptions : la première philosophique, les deux autres religieuses et, par conséquent, antérieures.

L'imagination primitive a peuplé le Ciel et la

Terre de dieux et d'esprits ; elle en mettait partout. Cette omniprésence des esprits deviendra plus tard l'omniprésence de Dieu.

L'athéisme, qui est tout ce qu'il y a de moins naturel, d'après l'étude des primitifs, n'a pu naître qu'après un certain développement scientifique et l'aperception plus ou moins nette de la constance des lois naturelles.

L'athéisme correspond à l'hypothèse de la cause fortuite, comme le panthéisme à l'hypothèse de la cause interne et le monothéisme à l'hypothèse de la cause externe.

Le panthéisme trouva dans l'Inde un terrain favorable (en aucun point du monde, la nature n'écrase autant l'homme de sa grandeur luxuriante ou terrible), où il se développa librement sous la forme de deux religions : le brahmanisme et le bouddhisme.

Le polythéisme n'est en fait que le prolongement de la croyance primordiale à l'omniprésence des esprits ou des dieux. Partout, sous l'influence du temps et du progrès, il tend vers le monothéisme. A l'apparition du christianisme, si le paganisme dominait encore les masses, il avait déjà revêtu la forme monothéiste chez la plupart des esprits cultivés.

Néanmoins, le vrai monothéisme, celui qui a fini par prévaloir dans le monde civilisé, est bien l'œuvre d'Israël. Par son contrat avec Iahveh au pied du Sinaï, ce peuple si spécial pratiqua seul, dans le monde ancien, la monolâtrie, qui devint le monothéisme moral sous le souffle ardent des grands prophètes.

Ténèbres et Idéal

La vérité est un soleil dont nos yeux ne peuvent supporter qu'un rayon.

*
* *

Ce monde serait par trop absurde si la scène qui se joue sous nos yeux ne couvrait pas quelque moralité cachée.

*
* *

Chacun de nous doit se considérer comme la suprême loi vivante.

*
* *

Le « juge intérieur », dit Carnegie, commence à gouverner.

Le règne souverain de la conscience est précisément ce Royaume de Dieu annoncé par Jésus.

*
* *

Il y a, pour tout civilisé, un droit des morts, comme il y a un droit des vivants.

*
* *

Quoi de plus opposé que l'hétéronomie chrétienne et l'autonomie kantienne? La fin dernière que visent tous les efforts de Pascal est d'abdiquer : « La volonté propre ne se satisfait jamais, quand elle aurait le pouvoir de tout ce qu'elle veut ; *mais on est satisfait quand on y renonce.* » Kant s'indigne de cette abdication ; il raille les hommes qui se réduisent eux-mêmes à une perpétuelle minorité : « Il est si commode d'être mineur !... J'ai un livre qui pense pour moi, un directeur qui a une conscience pour moi » et ailleurs : « Celui qui se fait ver de terre peut-il se plaindre si on l'écrase? »

La fierté stoïcienne et l'humilité chrétienne sont deux extrêmes entre lesquels l'homme louvoie dans la pratique de la vie — sublimes idéaux qui se transforment en écueils, si l'on oublie qu'ils sont tous les deux nécessaires. Tantôt il faut être fier ; tantôt il faut être humble — il est interdit de confondre la fierté avec l'orgueil et d'être humble par intérêt.

*
* *

Plus je vieillis, plus je me sens tiraillé par le doute et la foi.

Mais, quel que soit l'évanouissement de bien des croyances, celle-ci se fortifie avec l'expérience de la vie : « L'homme s'agite, Dieu le mène. »

Qu'est-ce que Dieu ? Je n'en sais rien.

Où nous mène-t-il ? Je ne le sais pas davantage.

Mais je sens très bien cependant qu'une puissance que je juge bienfaisante et paternelle — en dépit du mal dont je suis le spectateur désolé — nous conduit par le progrès (idée vague) vers la perfection, idée dont la détermination est au-dessus de mon intelligence.

*
* *

J'aime la légende du jongleur de Notre-Dame, rapportée par M. Giran dans son beau livre *Paroles de sincérité.*

Ce jongleur, qui faisait par son agilité les délices de la foule, entra par hasard à Notre-Dame, où il se trouva seul. Devant ce spectacle de mystérieuse grandeur, il est pris d'un accès de piété profonde — mais il ne trouve ni parole ni prière pour exprimer ce qui lui gonfle le cœur. Alors lui vient l'idée d'exécuter devant la Vierge ses plus belles cabrioles, dans l'intention de la réjouir. Sur ces entrefaites, arrive le clergé pour célébrer l'office ; scandalisé, il allait faire un mauvais parti au cabrioleur, quand la sainte statue, visiblement émue, étend vers lui sa main protectrice et le bénit.

*
* *

Il est une scène bien empoignante dans la *Fille de Roland*.

Chaque matin, un Sarrasin, d'une étrange habileté aux armes, vient, au camp de Charlemagne, défier les chrétiens en combat singulier et fait chaque jour une nouvelle victime.

Le Sarrasin se présente donc à l'empereur pour réclamer sa proie journalière.

Le vieil empereur demande un combattant.

— Moi! moi! s'écrient tous les chevaliers, d'un élan unanime.

Ce superbe appétit du danger, ce mépris hautain de la mort électrisent le spectateur et lui rappellent la belle parole : « Qui n'a pas souhaité de faire une belle mort n'est pas un homme. »

*
* *

Je ne connais rien de plus héroïque que ce sacrifice certain de la vie, accompli froidement et sans ostentation par d'obscurs combattants au siège d'Avaricum. Pour activer l'incendie d'une redoutable machine romaine, les assiégés passaient de main en main des boules de suif et de poix à un Gaulois placé aux portes de la ville; un trait lancé par un scorpion le frappe au flanc et le renverse mort. Le voisin enjambe le cadavre et le remplace. Le nouveau venu tombe. Le suivant lui succède et toujours ainsi; et cela dura jusqu'à la fin du combat, sans hésitation ni retard. Pas un instant, dit César, le poste mortel ne cessa d'être occupé.

⁂

Si nous voulons nous représenter Dieu, nous sommes condamnés à nous le représenter par des symboles — la religion est le symbolisme de Dieu.

Le symbolisme sera peut-être toujours nécessaire. Il répond du moins à un besoin très général. En attendant la solution de l'avenir, chacun a droit de se faire son symbole ou de le choisir.

« Vous êtes le temple de Dieu », dit saint Paul, et la conscience est le prêtre du temple.

La révélation est intérieure et personnelle (Giran).

⁂

Le principe de la Réforme est le salut par la foi personnelle (Giran).

*
* *

Ceux qui vivent, dit Victor Hugo, sont ceux qui luttent.

La lutte par excellence est la lutte contre soi-même.

La lutte contre soi-même est le premier article du code de l'autarchie — l'autarchie à son apogée, dans sa plénitude, est la victoire de la conscience humaine sur l'animalité.

*
* *

Dieu est au fond des œuvres vraiment humaines.

*
* *

Nous croyons à la révélation intérieure et personnelle — à la révélation incessante et permanente à laquelle contribuent tous les hommes de bonne volonté, quelles que soient leurs croyances personnelles.

*
* *

La religion comprenait dans ses attributions la

science et l'art, qui s'en sont séparés; la foi, la science et l'art n'en forment pas moins toujours une Trinité divine par laquelle l'Esprit se manifeste sur la Terre.

Chacun a sa foi (même ceux qui prétendent n'en point avoir); on ne peut pas plus vivre sans foi que sans pensée.

« Or, je vous le dis : Il y a quelque chose de plus grand que le Temple » — ce plus grand, c'est la Révélation incessante et permanente dans le monde.

La vérité, toujours en marche, se compose autant de négations que d'affirmations.

Chercher le vrai en toute conscience, c'est se vouer à Dieu.

⁂

Nous avons un Dieu intérieur, c'est la conscience, seule forme de Dieu que nous puissions connaître.

La vie suprême est la lutte du Dieu intérieur et de l'intérêt personnel, trop souvent en désaccord.

Le culte du Dieu intérieur est la pratique du bien ; le culte du Dieu extérieur est la recherche du vrai.

Le culte du Dieu intérieur est l'exécution de la loi morale.

Le culte du Dieu extérieur est la science.

⁂

N'arrachez pas l'ivraie, dit Jésus, de peur d'arracher avec l'ivraie le bon grain.

On ne peut mieux exprimer la nécessité de laisser toutes les opinions se produire — l'expérience et le temps finissant toujours par séparer l'ivraie du bon grain.

Aimer avec passion la vérité (même quand on se trompe), c'est, en réalité, aimer Dieu.

Dieu vit dans les âmes sincèrement chercheuses,

car ces âmes découvrent toujours quelque parcelle de vérité.

La Raison et le Sentiment cultivent deux champs bien différents; mais, pour vivre, l'homme a besoin des deux espèces de fruits qu'ils produisent.

Quel homme incomplet que l'homme simplement raisonnable !

La foule est rarement raisonnable — le plus souvent, elle est sotte; parfois, elle est sublime.

Par la révélation incessante et permanente, la notion de Dieu s'épure et grandit sans cesse dans le cœur de l'homme.

Qui connaîtrait Socrate sans la ciguë ?

Qui connaîtrait le Discours sur la montagne sans la Croix ?

Un acte de dévouement, un grand exemple sont autrement féconds que tous les traités de métaphysique.

⁂

Nous voyons tous le même Dieu, mais chacun le voit selon le point de vue auquel il se place.

⁂

L'intuition morale et la raison sont deux réalités : si la seconde convainc, la première ordonne.

⁂

L'homme digne de ce nom vit moins pour lui que pour ses successeurs.

⁂

A coup sûr, je ne sais comment elle opère, mais je crois à l'action permanente de Dieu dans l'Univers. C'est cette action permanente que l'on nomme révélation permanente.

L'Église universelle se recrute parmi toutes les

bonnes volontés et toutes les sincérités; c'est l'Église de la libre croyance.

*
* *

Dans l'ordre intellectuel, le premier devoir est d'être sincère — sincère envers soi-même avant tout.

*
* *

Pourquoi, dit saint Paul, notre conscience serait-elle jugée par une conscience étrangère?

*
* *

L'évolution humaine, c'est la révélation permanente.

*
* *

Le divin, c'est le bien, le beau, le vrai; il se manifeste par l'intuition morale, l'art, la science.

*
* *

Les savants ont parfois le tort de négliger ou même de nier l'intuition morale — elle est cependant un fait — et par suite indiscutable comme un fait.

*
* *

Nous n'avons pas de puissance contre la vérité, dit saint Paul, nous n'avons de puissance que pour la vérité.

C'est incontestable. La vérité finit toujours par triompher ; mais qu'elle y met de temps ! La bêtise humaine se précipite sur l'erreur comme le requin sur l'émerillon appâté de lard.

Toute foi sincère est digne de respect — à la condition de ne pas s'imposer et de ne pas nuire à autrui.

La foi très sincère qui ordonne à l'orthodoxe d'exterminer les Juifs n'a qu'un nom : *crime*.

*
* *

Pendant mon séjour à Saïgon, j'eus la bonne fortune de visiter le palais des singes quelques instants après une naissance. Le père, la mère et le nouveau-né composaient un tableau des plus touchants ; ils appartenaient à l'espèce de beaucoup la plus nombreuse de cette société fort mêlée. Les habitants de la cage, de toutes races, témoignaient leur évidente satisfaction de l'événement ; ceux de la même tribu félicitaient les heureux parents, manifestement fiers de leur œuvre et charmés de la sympathie publique. Les époux accueillaient les compliments avec grâce, mais à distance; une curiosité indiscrète provoquait aussitôt chez le père de menaçantes grimaces. Cette joie générale, cet empressement de tous à fêter à distance le bébé sur les genoux de l'accouchée me remettaient en mémoire la scène évangélique de l'adoration des pasteurs. Avec l'attitude et le regard amoureusement extatiques des saintes images, la macaque donnait le sein à son horrible petit, produit aussi répugnant qu'un nouveau-né de l'homme. Le père, transfiguré, plongé dans une contemplation béate, caressait la barbe de son épouse avec la plus chaste tendresse.

Jamais tableau de Sainte Famille, même du pinceau de Raphaël, n'exprima des sentiments plus délicats. C'étaient bien les trois amours primordiaux, l'amour conjugal, l'amour paternel, l'amour maternel, dans toute leur élévation sentimentale, dans toute leur exquise pureté.

J'avais toujours éprouvé pour les singes cet éloignement qu'inspirent les parents qui ont mal tourné. Après avoir été témoin de cette scène de mœurs, je sortis du jardin des plantes de la colonie réconcilié avec des cousins pauvres et jusque-là méconnus.

*
* *

C'est dans le temple, dans le sanctuaire de l'âme humaine, dit Giran, que s'élabore lentement la révélation.

Les deux organes de ce divin labeur sont la raison et l'intuition morale.

* * *

L'autarchie morale est le gouvernement de la conscience par la conscience.

L'art est le domaine de l'imagination libre.

L'art est grand comme manifestation de la liberté humaine. Dans l'art, l'esprit est vraiment créateur. L'art crée ; or, créer, c'est élever sa liberté à sa plus haute puissance.

L'art est le trait d'union de la liberté de l'imagination et de la liberté de la volonté.

Nous admirons, nous aimons l'art parce qu'il est le domaine où la liberté humaine se déploie avec le plus d'évidence et d'éclat — mais pas avec le plus de grandeur; la grandeur reste toujours la couronne de la liberté morale.

L'art nous permet de passer, sans un saut trop brusque, du domaine de la sensibilité au domaine de la moralité — le beau est l'intermédiaire naturel entre l'agréable et le bien.

M. Giran a bien raison : l'intuition morale et la raison sont deux réalités psychologiques.

Cherchons le vrai et laissons faire à Dieu.

Croire à la justice immanente, c'est croire en Dieu, même si on le nie.

Les civilisés ont des croyances plus différentes en apparence qu'en réalité.

⁂

La société vit d'idéal, comme l'homme vit d'espérance.

Dieu vit en toute âme chercheuse.

C'est la recherche de la vérité qui fait la grandeur humaine — l'homme découvre à grand'peine quelques vérités (qui souvent seront des erreurs demain) — mais la Vérité reste le secret de Dieu.

Le progrès en religion est la mise en harmonie avec le progrès séculier.

C'est dans le sentiment individuel que réside l'essence même de la religion moderne.

M. Giran appelle intuition morale ce que Pascal appelle les raisons du cœur. Pour lui, les deux guides de l'homme sont la science et l'intuition morale, aussi nécessaires l'une que l'autre. Ce sont deux arbres de différente essence, dont les troncs se touchent, dont les racines entrelacées plongent dans le même terrain, comme leurs branches sont mêlées, de sorte qu'on ne sait trop à quel arbre appartiennent les fruits qu'ils portent — ou mieux deux plantes unisexuées, les fleurs de l'une fécondant les fleurs de l'autre.

*
* *

Tous les rapports individuels ou sociaux se sont primitivement basés sur des croyances mythiques.

*
* *

C'est toujours une science incomplète et pauvre, celle qui conduit la pensée au fatalisme et la volonté à l'hétéronomie.

*
* *

L'histoire, quoi qu'on puisse dire, accorde une large place à la liberté humaine. Il est bien difficile de décider quelle est la plus grosse part, des événements ou des personnalités. Si les événements font les hommes, les hommes font les événements. Les hommes n'ont qu'une liberté relative, mais ils ont certainement une liberté relative. L'homme marche librement vers un but prédéterminé par une puissance supérieure, car il choisit sa route.

Nous tenons, dans le temps, la place
De notre cercueil dans l'espace.

Ces paroles de saint Paul n'ont pas vieilli : « Jusqu'à présent les nations ont été ou sont dans les douleurs de l'enfantement. »

C'est le propre des nations et de l'humanité d'enfanter sans cesse — et toujours dans la douleur. Il faut pour elles l'enfantement continu ou la mort — ce n'est pas gai.

« Point n'est besoin d'espérer pour agir ni de réussir pour persévérer » (Le Taciturne).

La mission de notre espèce ici-bas semble être la réforme de la nature — et surtout de sa propre nature.

La lutte, et non la jouissance, est donc notre lot — à moins de trouver la jouissance dans la lutte, ce qui est la suprême vertu.

⁂

Chacun de nous doit sentir vivre en lui l'âme de la patrie.

Le règne de la nature doit faire place au règne humain.

La liberté humaine et la fatalité de la nature sont les deux pôles de la vie de la planète.

Il faut avoir le courage de le dire, bien que ce soit contraire à la mode du jour : Les maux sociaux sont moins les effets du régime que des imperfections présentes de la nature humaine.

La valeur d'une société dépend sans doute de son organisation politique, mais surtout de la valeur morale des membres qui la composent.

La liberté humaine — par conséquent limitée — ne peut être qu'un don de Dieu.

*
* *

Le besoin du surnaturel — ou plutôt du supra-naturel — est tout ce qu'il y a de plus naturel.

*
* *

D'après Renan, la religion est le sacrifice du réel à l'idéal.

*
* *

Un médecin spiritualiste (car il s'en trouve) me disait : « La prière est à l'âme ce que les pleurs sont au corps. »

*
* *

Israël a donné un caractère moral au monothéisme. La théorie de l'intention droite et de la bonne volonté est déjà dans Aristote et les stoïciens; mais la bonne volonté qui se donne pour témoin un Dieu absolument saint est bien hébraïque.

*
* *

La religion gauloise classait la lâcheté parmi les vices capitaux. Être prêt à souffrir et à mourir pour le devoir, c'est bien là, en effet, le cachet de la grandeur humaine. Au fond, d'ailleurs, toute faute est une lâcheté.

*
* *

Que pensez-vous de cette loi : « Désormais, les jeunes filles de quatorze ans pourront épouser les jeunes gens de seize, sans le consentement de leurs parents » ?

Ce fut l'ancienne législation de Cuba, œuvre de Philippe II, qui n'a jamais passé pour un révolutionnaire. Son but était la multiplication des colons.

Eh bien, cette législation absurde n'a pas donné de mauvais résultats ; comme il arrive souvent, les mœurs l'ont emporté sur la loi.

*
* *

La diversité est la rançon de la liberté, et le Latin a la passion de l'unité.

*
* *

L'unité n'est possible que par l'oppression de l'esprit.

*
* *

Pascal croyait. Certainement, il croyait, mais par un effort de volonté extraordinaire. Il voulait croire à tout prix et il réussit, mais jamais sa raison ne fut satisfaite.

*
* *

Tous les êtres suivent des lois ; l'homme jouit de ce privilège de contribuer à la détermination des lois qui le régissent. S'il est l'esclave de la loi physique, il prend part à l'établissement des lois directrices de ses intérêts matériels et moraux. Il peut aussi enfreindre ces lois supérieures, qui dominent de haut sa volonté, mais il ne peut se dérober aux conséquences de leur violation.

*
* *

De toutes les questions angoissantes, aucune, par ses conséquences, n'a la gravité de la responsabilité morale. Évidemment la responsabilité humaine est limitée, comme tout ce qui est humain ; de là, la difficulté du problème ; où est la limite ?

Dès que le primitif a commencé à penser, il a cru au tabou ; donc il s'est cru responsable.

Comment l'idée de responsabilité nous serait-elle venue, si nous ne nous étions sentis responsables ?

La responsabilité ne se démontre pas, elle se sent. Ce sentiment répond à un besoin social ; on ne comprend pas une société d'irresponsables (c'est cependant l'idéal collectiviste). Nous déclarons volontiers l'irresponsabilité d'autrui, nous n'acceptons pas la nôtre.

*
* *

Le plaisir des vieux est de faire plaisir aux autres.

La raison peut-elle diriger nos actes ? Je le crois. Mais il n'en est pas moins certain que la passion est le grand facteur des choses humaines.

La passion est l'attelage, la raison est le cocher; mais le cocher est rarement maître de ses chevaux.

On rencontre de fort braves gens très bêtes, mais le plus souvent la sottise et la méchanceté marchent en compagnie.

La plus grande gloire à laquelle un homme puisse parvenir est d'attacher son nom à une formule, à une idée.

Newton : l'attraction est directement égale aux masses et inversement proportionnelle au carré des distances.

Bastiat : les services s'échangent contre les services.

En effet, la société est un échange de services.

⁂

La liberté morale est un acte de foi : nous sommes libres en raison de ce que nous croyons l'être.

*
* *

Nous sommes libres d'aliéner notre liberté.

La liberté est l'accomplissement volontaire du devoir.

L'indépendance est une chimère bien près de l'immoralité.

*
* *

Notre étroite connaissance du monde n'est que la conscience des altérations physiques et chimiques produites en nous par les forces qui nous entourent. Cette conscience nous est commune avec les animaux, c'est la conscience animale.

Notre progrès le plus incontestable est la transformation du monde donné par les sens en monde donné par la science. La science nous donne la clef de l'enchaînement des phénomènes, mais elle ne nous divulgue rien du monde caché sous les phénomènes.

*
* *

Le panthéisme est l'unité du créateur et du créé; si ce n'est l'athéisme, c'est bien son cousin germain.

*
* *

Kant, m'écrit un professeur de philosophie, est plus stoïcien que chrétien.

J'admire beaucoup le stoïcisme, dont les deux dernières grandes figures ont été un esclave et un empereur.

Dans ce monde, qui glorifiait à l'excès les qualités viriles, le christianisme fut la revanche des qualités tendres et féminines, de la pitié, de la compassion, de la faiblesse.

Le stoïcisme est le correctif nécessaire du christianisme.

Le christianisme est le complément nécessaire du stoïcisme.

Stoïcisme et christianisme sont nécessaires l'un et l'autre, nécessaires l'un à l'autre, précisément parce qu'ils représentent deux côtés antinomiques de la nature humaine.

Je dois être stoïcien ou chrétien selon le cas : je dois être stoïcien sous la pluie des éclats d'obus; je dois être chrétien devant un ennemi blessé.

En général : je dois être stoïcien quand ma personne est en jeu; je dois être chrétien quand il s'agit d'autrui. Le stoïcisme est surtout l'expression des devoirs envers soi-même, et le christianisme l'expression du devoir envers autrui.

Le stoïcisme est l'exaltation du respect de soi-même, le christianisme l'exaltation de l'altruisme.

*
* *

Les ressemblances entre le christianisme et le kantisme sont de pures apparences; quand on les examine de près, on est étonné de voir combien ces ressemblances masquent en réalité de profondes divergences. Toutes les formules que Kant a empruntées au christianisme deviennent les expressions d'un rationalisme fort original, mais très éloigné de la morale évangélique.

* * *

La thèse de la bonne volonté, glorifiée par Kant, n'a rien de commun avec la bonne volonté que Jésus enseigna à ses disciples au bord des lacs de Galilée. La bonne volonté, chez Kant, est affranchie de tout mobile empirique, de tout mouvement de sensibilité, de tout élan de cœur.

Kant, c'est la froide et impassible raison; Jésus, c'est le sentiment, la prédominance du cœur.

Il n'y a pas plus contradiction, dit Girau, entre la raison et l'intuition morale qu'entre la vue et le toucher.

L'opposition du sensible et de l'intelligible n'a

pas la même signification dans le christianisme et dans le kantisme. Dans le christianisme, elle a un sens moral et, dans le kantisme, un sens métaphysique. Pour le chrétien, le monde sensible est le monde de l'égoïsme, de la haine et de toutes les passions mauvaises, et le monde intelligible est le monde où règnent la justice et l'amour. La théorie kantienne est tout autre. Pour Kant, la distinction du monde sensible et du monde intelligible, c'est la distinction du temporel et de l'intemporel, du phénomène soumis à la loi de succession et du noumène affranchi de cette forme.

*
* *

L'absolue vérité n'est pas de ce monde : nous ne connaissons guère que des vérités contingentes et chacun les envisage à sa façon.

Personne n'a répondu et ne répondra à la question de Pilate : « Qu'est-ce que la vérité ? (1) »

Jésus lui dit bien : « Je suis le chemin, la vérité et la vie, personne ne vient au Père que par moi. »

Il a bien été, en effet, notre introducteur près du Père — mais la vérité est chose terriblement complexe et son champ est sans limites.

---

1. Personne n'assistait à l'entretien de Jésus et de Pilate — on ne sait donc pas ce qu'ils se sont dit. Nous avons donc cru pouvoir lui donner la forme qu'il nous a plu.

Si nous ignorons la vérité absolue, nous sommes guidés et réconfortés par la révélation incessante, permanente, universelle de l'Esprit dans l'homme et par l'homme.

Chaque époque a son idéal qui, pour elle, est la vérité et nous gravissons ainsi d'idéal en idéal le pic de la Vérité, dont le sommet reste perdu dans les nuages.

*
* *

La Révélation est incessante, permanente, universelle. Elle a commencé sur la Terre avec l'homme de l'âge de pierre et ne finira qu'avec la Terre pour émigrer vers d'autres cieux.

*
* *

La Trinité moderne, devant laquelle il n'y a pas d'incroyants, c'est le Bien, le Vrai, le Beau.

Ce sont, pour l'homme, les trois formes vivantes de l'idéal, c'est-à-dire de l'Esprit divin.

*
* *

Dans l'impossibilité où nous sommes de créer un Dieu qui satisfasse tout le monde, chacun se fait un Dieu à sa façon (parfois selon son intérêt). Mais, tout compte fait, est-il un agrégé de philosophie sensiblement mieux informé qu'un Papou ? Le progrès a beaucoup moins consisté à savoir ce qu'il est qu'à savoir ce qu'il n'est pas.

*
* *

Dieu est l'asymptote de l'homme.

*
* *

L'univers est une grande cage de verre contenant un chaos de choses intéressantes inextricablement enchevêtrées ; nous pouvons les contempler à travers les parois, mais nous ne sommes guère plus avancés, car il nous est interdit d'y toucher et de soulever le couvercle. Nous aurons beau faire, nous n'avons d'autre moyen de connaissance que nos sens... La science en multiplie prodigieusement la puissance, mais elle ne peut nous doter de sens nouveaux, qu'il nous est même impossible de soupçonner. Sous d'autres cieux, on a sans doute d'autres sens, mais vraisemblablement on y manque des nôtres.

*
* *

Le réel, pour nous, n'est que l'humaine façon de percevoir le suprasensible.

*
* *

Quand la Terre aura disparu (ce qui ne laissera d'ailleurs aucun vide dans l'Univers), la Révélation se continuera sous d'autres cieux.

La Révélation est éternelle et universelle.

Dieu se révélait dans d'autres mondes avant la création du Soleil.

Ces formes de la Révélation sont infinies : Dieu se révèle partout et chaque jour.

*
* *

Chacun croit comme il peut et un peu comme il veut. — Pascal est un extraordinaire exemple de la volonté de croire.

*
* *

Nos désillusions ne nous découragent pas : nous persistons à chercher la vérité absolue, tout en nous sachant condamnés à des vérités relatives.

*
* *

La raison et l'intuition morale sont aussi indissolublement liées que la sensibilité et l'entendement.

*
* *

L'homme est réceptivité incontestablement, mais il est spontanéité non moins incontestablement.

*
* *

Dans l'ouvrage de Flammarion *les Étoiles*, une des plus intéressantes monographies est celle de Régulus. Remarquons d'abord l'extrême éloignement de cet astre resplendissant. Tous les efforts pour lui constater une parallaxe ont été vains. Il met peut-être plusieurs siècles, mais sûrement plus d'un demi-siècle à nous envoyer sa lumière. Pour nous apparaître, à une si énorme distance, avec un si extraordinaire éclat, il lui faut des dimensions colossales.

Près de Régulus, une étoile de huitième grandeur attirait l'attention de Mayer en 1797; il mesura la distance de cette étoile secondaire à la principale et la trouva de 2′57″. En 1897, juste un siècle plus tard, Flammarion mesurait à nouveau cette distance et retrouvait exactement celle déterminée par Mayer. Pendant un siècle, l'étoile secondaire avait conservé la même situation par rapport à la principale. Or, pendant ce temps, Régulus voguait dans le ciel avec une vitesse de 27″ par siècle et s'éloignait de nous à raison de 37 kilomètres par seconde. L'étoile de huitième grandeur dépend donc de la principale et forme avec elle un couple physique, puisque toutes deux se déplacent ensemble dans l'espace.

Comme on n'a pu constater de parallaxe à Régulus et que toutes les observations ont donné zéro, en l'estimant à 1 dixième de seconde, on est sûrement au delà de la vérité. Dans cette hypothèse, les

2′ 57″ qui séparent Régulus de son compagnon représentent soixante fois la distance du Soleil à Neptune, ce qui lui donne une révolution de 76 000 années. Il n'est pas étonnant qu'une aussi longue période ne manifeste, pendant un siècle, aucun changement perceptible pour nous dans la situation relative des deux astres.

Ce compagnon de Régulus est accompagné lui-même par une étoile de treizième grandeur, qui est sans doute une de ses planètes.

Régulus nous donne un exemple typique de l'extrême variété des mondes célestes et l'un des plus propres à nous faire sentir cette insignifiance du système solaire, insignifiance qui doit être l'objet constant de nos méditations.

Régulus a joué un rôle considérable dans l'histoire de l'astronomie. C'est sur cette étoile que les vénérables astronomes de la Chaldée et de la Babylonie, clepsydre en main, déterminaient les équinoxes et les solstices. Ce sont les observations de cet astre et de l'Épi de la Vierge, par Aristille et Timocharis, qui permirent au grand Hipparque de découvrir la précession des équinoxes.

*
* *

Je vis dans un monde auquel je ne comprends rien, rien, absolument rien. Mais j'ai cette conviction très ferme qu'il n'est que l'apparence du monde réel que j'ignore, et dont la connaissance me serait nécessaire pour comprendre le monde apparent dans lequel mon activité se déploie. Cette croyance, je la dois à Kant et peut-être à quelques vagues aperçus sur l'hindouisme.

*
* *

D'après Kant, la sensibilité est la faculté de recevoir des impressions et l'entendement est la faculté de les reproduire et de les combiner.

*
* *

Pour le primitif, il y a des plus grands que l'homme, et ces plus grands agissent en dehors de lui sur l'univers et peuvent par là lui venir en aide. Pour les primitifs, l'aide est toujours d'ordre matériel; pour le civilisé, il est d'ordre moral.

La prière est une conséquence de cette croyance à la possibilité d'un secours divin. Le primitif demande des avantages de l'ordre naturel; le civilisé, des avantages de l'ordre spirituel, en première ligne des secours dans la tentation.

*
* *

Nous devons nous efforcer de vivre de façon à faire de notre vie une loi.

*
* *

La vie est la vie et l'esprit est l'esprit ; trop souvent les savants les confondent, et cette confusion les porte à parler, comme Fechner, de l'âme des concombres.

*
* *

La loi de l'hérédité n'est pas la loi de l'hérédité spirituelle. Intellectuellement, Kant descend beaucoup plus de Descartes que de son père nominal.

*
* *

A quoi nous sert la raison ? Pour un observateur superficiel, la raison, source d'une bonne part de nos maux, ne semble servir qu'à nous rendre plus malheureux. Nous ne ferions pas de révolutions, si nous n'étions pas des êtres raisonnables. On ne voit pas d'insurrections dans les ruches et les fourmilières. Sans doute la raison a une fin cachée ; jamais nous ne nous résoudrons à voir dans la raison un don funeste. Les êtres raisonnables supposent d'ailleurs des êtres déraisonnables.

*
* *

Nous n'avons l'intuition que de ce à quoi nous coopérons. Nous n'avons conscience des phénomènes que parce que nous les produisons en nous à l'occasion du monde extérieur.

Les idées de substance et de cause nous échappent; et, quand nous voulons nous figurer Dieu, nous en sommes réduits à le caricaturer.

Le monde des phénomènes est un produit de notre conscience à l'occasion du monde réel, inconnaissable pour nous.

La patrie, la science, Dieu sont des créations de notre conscience.

A vrai dire, il n'y a qu'un fait, un fait unique, duquel tout découle et au delà duquel nous ne pouvons remonter : la conscience.

La contemplation de la conscience humaine nous entraîne, fort naturellement d'ailleurs, à l'hypothèse d'une conscience universelle que nous nommons Dieu.

Dieu est, pour nous, la conscience de l'univers.

Dieu est le produit de la conscience humaine — mais qui produit la conscience humaine? L'évolution. L'évolution, soit! mais d'où vient l'évolution? qui la dirige? L'évolution est un fait, est-elle un effet sans cause?

* * *

Nous vivons simultanément dans trois mondes : le monde sensible, le monde intellectuel, le monde transcendantal.

Le premier est celui que nous percevons sans aucun effort d'intelligence, par exemple la voûte bleue avec ses clous d'or.

Le second est le monde de la science, bien différent du premier — par exemple le monde dévoilé par le microscope et le télescope, produits et instruments de notre intelligence.

Le troisième est ce monde inaccessible, dont nous sentons vaguement l'existence, mais que nous ne pouvons connaître — où règne cet inconnu, l'Esprit — c'est le domaine de la foi.

*
* *

Dieu confère-t-il spécialement à un homme le pouvoir d'agir moralement sur les autres hommes d'une façon extraordinaire et très générale, sinon universelle, comme les fondateurs religieux ?

Nous ne sommes pas en mesure, semble-t-il, d'établir si une pareille intervention existe. Pour se prononcer, il faudrait connaître les relations de la personne avec le Tout ; or, rien de plus mystérieux.

*
* *

L'athée a beau rire de la foi, il est un croyant comme un autre.

*
* *

Le *Matin* du 21 décembre 1906 contenait un article : « Miracle », avec le sous-titre : « Comment un savant crée des vivants. »

Déjà j'ai entendu des matérialistes dire à ce sujet : « La preuve est faite, l'homme peut créer la vie, par conséquent l'intervention de Dieu n'est pas nécessaire à la création de la vie. »

Pardon !

Avez-vous bien lu l'article ? Sur cent lecteurs du *Matin*, c'est beaucoup s'il en est un qui l'a compris dans tous ses détails (et je ne suis pas cet un-là). Car il faut être déjà savant pour lire convenablement cet article, il a fallu être plus savant pour le composer, et bien plus savant encore pour concevoir et exécuter l'expérience créatrice.

D'où je conclus : rien ne prouve mieux que l'expérience de M. Le Duc combien l'intervention d'une intelligence est nécessaire à la production de la vie.

Si, pour produire une plante (ou plutôt une simili-plante) aussi simple, aussi élémentaire que celle de M. Le Duc, il a fallu la toute-puissance du génie, j'imagine que la production de l'homme est due à un très grand savant qui régit l'univers.

Et cette simili-plante peut-elle se reproduire d'elle-même?... Car l'auto reproduction est le vrai caractère des vivants.

*
* *

Pasteur nous a dévoilé toute l'importance des invisibles.

Parmi ces invisibles à l'œil nu, les uns échappent à nos moyens ordinaires d'investigation, c'est par des artifices et des inductions que nous pouvons connaître leur existence ; d'autres se laissent saisir par le microscope... Alors nous apparaît un monde non moins compliqué, non moins merveilleux que celui des nébuleuses révélé par le télescope, mais qui a un intérêt moins immédiat.

Il y a derrière Pollux, à l'infini, quatre lointains soleils devant lesquels il passe.

Mais qu'est-ce que les merveilles de l'infini matériel auprès du monde de l'esprit?

*
* *

Peut-on dire que le temps et l'espace existeraient encore s'il n'y avait personne qui les pensât? Que serait l'infini sidéral sans la pensée, si nul être n'en avait conscience?... On en revient sans cesse à ceci : la conscience est tout.

*
* *

« Conte-moi une histoire », dit l'enfant à sa bonne; et la bonne raconte à Bébé des histoires très singulières venues on ne sait d'où, mais communes à tous les temps et à tous les pays. Ces contes, vides de toute morale, répondent seulement au plaisir de conter, très développé chez les primitifs. C'est un patrimoine de l'humanité, d'assez mince valeur.

*
* *

Comme exemple étrange du pouvoir de la volonté, je citerai le cas d'un matelot breton qui, ne sachant pas un mot de français et ne connaissant pas une lettre, apprit à lire en moins de huit semaines. Il lisait couramment sans rien comprendre à sa lecture, car, s'il était parvenu à lire, il n'avait guère appris de français pendant ce temps.

Ceci se passait à bord de l'*Orne* que je commandais; je fis officiellement consigner ce fait dans les archives de l'école.

*
* *

Un médecin spiritualiste me disait : « Des plaies se ferment sans laisser trace, d'autres laissent une cicatrice, d'autres encore entraînent des déformations irréductibles. » Il en est de même pour l'âme humaine. Toute faute blesse l'âme, mais d'un genre de détérioration dont nous ne pouvons nous faire une idée. Si vous réparez immédiatement la faute commise, la plaie se ferme et disparaît. Dans le cas contraire, l'âme gardera éternellement une déformation ou une cicatrice selon l'importance du délit.

* * *

Comme nous l'avons remarqué maintes fois, les primitives croyances se retrouvent souvent dans des pays sans communication possible et, par conséquent, sans relations et sans influence réciproque. C'est ainsi que, chez les Caraïbes et les nègres fétichistes, on retrouve la même opinion sur les sacrifices aux esprits. Les esprits ne mangent que l'esprit des victimes offertes, aussi les sacrifiants peuvent-ils consommer ce que les esprits leur ont laissé.

Chez les primitifs, les sorciers disposent des formules magiques qui leur donnent prise sur les esprits.

* * *

Rien de moins chrétien que ces moines de toutes

confessions groupés autour du saint sépulcre horriblement truqué.

Spectacle édifiant que celui de ces soi-disant disciples de Jésus se battant entre eux comme des sauvages se disputent un terrain de chasse — et qui s'extermineraient jusqu'au dernier, si les Turcs n'y mettaient le holà !

*
* *

L'immense multitude, a déclaré le pape, ne professe qu'une ombre de christianisme et déserte nos sanctuaires.

C'est que les vieux sanctuaires sont devenus trop étroits pour le Dieu moderne.

*
* *

Parce que l'immense majorité des chrétiens n'entend rien à la profonde vie religieuse du christianisme, faut-il regretter que l'Évangile ait été prêché aux hommes ?

*
* *

Le difficile n'est pas de faire des miracles, mais de trouver des croyants.

*
* *

Par quelle aberration en est-on venu à bénir des navires de guerre ?

*
* *

Quelle étrange prétention d'enfermer le Dieu infini dans des dogmes !

*
* *

Nous connaissons Jésus par l'intermédiaire d'hommes de bonne volonté et de grand cœur, mais esprits fort incultes — c'est fort heureux à beaucoup d'égards et fâcheux sous certains rapports.

*
* *

Le *second Adam* de Paul, le Verbe incarné de Jean sont inconnus des synoptiques ; Paul et l'Évangile de saint Jean ont dévoyé la primitive mentalité chrétienne.

*
* *

Le Christ-rédempteur a triomphé du Jésus historique.

Le Christ né du puissant cerveau de Paul l'a emporté sur le Jésus galiléen.

*
* *

Pendant mon séjour à la Guyane, l'aumônier de la Montagne-d'Argent vint à mourir. L'officier commandant le poste ramassa les divers instruments du culte. Peu après, un révérend père jésuite vint remplacer l'aumônier décédé ; l'officier lui remit tous les objets de la chapelle.

— Qui donc a touché les vases sacrés ? demanda le révérend père.

— Moi seul, répondit ingénument l'officier.

— Mais, Monsieur, vous n'avez nulle qualité pour toucher aux choses saintes.

— Puisqu'il n'y avait pas de prêtre !

— Pardon, vous avez ici un prêtre.

— Qui donc ?

— Le condamné X.

— Un forçat !

— Qu'importe !... Est-ce que nous connaissons votre justice ? En quoi les condamnations de votre société civile peuvent-elles nous toucher ? Tous les tribunaux du monde n'ont pas le pouvoir d'enlever à un prêtre son caractère.

C'est juste. L'officier avait tort, le jésuite avait raison. Mais, pour être logique et orthodoxe, cette opinion est-elle moins étrange ?

*
* *

Le curé X., expédié en Nouvelle-Calédonie, a été

condamné au bagne pour des actes sans nom dans la langue des honnêtes gens.

Son bonheur n'en est pas moins dans l'exercice des fonctions sacerdotales.

Infirmier à l'île Nou, dès qu'il voit un malade approcher de ses derniers moments, il se hâte — au besoin avec effraction — de s'emparer des saintes huiles et d'administrer l'extrême-onction avant l'arrivée de l'aumônier.

Ses secours religieux valent ceux du meilleur prêtre (ce qui est d'ailleurs parfaitement logique). Il possède quelques biens et les a légués par testament pour servir des messes pour le salut de son âme.

Il est plus vicieux et plus croyant que jamais.

C'est une grande erreur de qualifier d'hypocrites les pratiquants vicieux. On peut être à la fois très vicieux, très croyant et très pratiquant, surtout si l'on sort des mains des Révérends Pères.

*
* *

La grande révélation de Jésus a été la foi dans le Dieu-Père.

Je puis très bien partager cette foi sans croire que Jésus a extrait un nombre considérable de démons du corps d'un fou pour les loger dans les corps d'un troupeau de porcs qui, affolés à leur tour, ont été se noyer de désespoir.

*
* *

Quoi qu'on puisse dire, la scène de Gethsemani exclut formellement le caractère expiatoire de la Passion.

*
* *

Y avait-il moins de foi dans l'irréligieux congrès des libres penseurs de Rome que dans le Vatican ?

*
* *

M. de B. avait une fort jolie femme, très pieuse et fort galante. Pour peu qu'on connût le mari — et pour le connaître il suffisait de lui offrir un verre d'absinthe — on lui disait :

— Mon cher, voulez-vous monter un corsaire avec moi ? Voici un billet de 100 fr., allez jouer au cercle.

Si M. de B. gagnait, il oubliait de partager le gain. Mais Mme de B. partageait tout. Cela faisait aller le ménage.

Ses chefs le proposèrent pour la mise en retrait d'emploi : le gouverneur — clérical forcené — le proposa pour la décoration. M. de B. était un bien pensant.

Mme de B., devenue veuve, rentra en France, où elle édifia la plus sainte des villes par ses dévotions et où elle est reçue dans le meilleur monde.

O cléricaux ! l'indulgence pour les vôtres est sans limite, comme votre puissance — bien sot qui n'est pas de vos amis.

*
* *

Bon nombre d'orthodoxes russes espèrent gagner une bonne place au paradis en égorgeant des juifs. Nous n'avons pas trop le droit de leur jeter la pierre, car nous avons été, nous aussi, bien près de pareils massacres au moment du procès Zola.

Ce fut, chez nous aussi, œuvre méritoire de tuer les hérétiques. Les bien pensants de l'époque qualifièrent le cardinal de Richelieu « cardinal de Satan et pape des athées », pour n'avoir point fait passer au fil de l'épée la garnison huguenote de La Rochelle et pour n'avoir point livré la ville au pillage.

*
* *

Mme C. se rend à Paris pour le traitement d'un fils infirme de naissance. En bonne catholique, elle fait vœu d'offrir, dès son arrivée, un cierge à Notre-Dame des Victoires. Avant d'entrer à l'église, elle achète un cierge de 2 fr.

— Viens, mon enfant, dit la malheureuse mère, viens allumer toi-même ton cierge devant la bonne Vierge, cela te portera bonheur.

Mais le sacristain repousse d'un ton bourru l'enfant et la mère en disant :

— A l'autel de Notre-Dame des Victoires, on ne met que des cierges de 3 fr.

*
* *

Le christianisme disparaîtrait comme religion, que l'esprit de Jésus n'en continuerait pas moins son œuvre.

*
* *

Il n'existe aucun Évangile type. Jusqu'à la fin du deuxième siècle, les Évangiles canoniques ne jouirent d'aucune supériorité notoire sur les autres Évangiles ; pendant longtemps, comme toutes les légendes populaires, ils furent exposés à des retouches.

*
* *

Dans les premières Églises de la chrétienté, on

n'était guère plus d'accord sur les enseignements que sur les pratiques.

Nombre de passages des Évangiles sont devenus pour nous déraisonnables. L'Évangile n'en a pas moins fait faire à l'humanité son plus grand pas moral. Dans l'ordre moral, l'esprit de l'Évangile vivra éternellement.

Combien de soi-disant chrétiens ont l'esprit de Jésus? Cependant cela seul importe — le reste n'est rien.

La rencontre de l'universalisme juif et de l'universalisme philosophique grec fraya la voie au christianisme.

Jamais je ne pourrai croire qu'un bouquin, vieux de plusieurs siècles, si vénérable qu'il soit, renferme toute la vérité.

* * *

Être chrétien, c'est pratiquer l'esprit de l'Évangile, sans se croire obligé d'ajouter foi à tout ce qu'il contient.

*
* *

L'esprit de Dieu plane bien haut au-dessus de toutes les Églises.

*
* *

Il est des consciences pieuses d'une étonnante élasticité.

M. X., veuf, possesseur d'une belle fortune et d'une fille unique, avait une cousine supérieure d'une maison d'éducation. Il se dit tout naturellement : « Je vais confier ma fille à ma cousine, qui s'en occupera tout spécialement. »

La cousine n'y manqua pas.

Sans préambule, sans préparation aucune, le jour de sa majorité, la jeune fille signifia à son père sa ferme volonté d'entrer en religion.

Il y eut une scène tragique entre la fille et le père, suppliant et désespéré. Devant le chagrin paternel, Mlle X. cède et renonce à son projet ; elle reprend sa vie de jeune fille du monde et se livre avec entrain aux plaisirs de son âge et de son rang. M. X. est le plus heureux des pères ; il accepte avec reconnaissance la proposition de Mme de G., amie de la famille, qui lui propose d'emmener avec elle Mlle X. dans un voyage d'agrément. M. X. se dit : « Voilà une excellente occasion de distraire ma fille ; ce petit voyage achèvera de changer le cours de ses idées, si elles ne sont pas complètement dissipées. »

Et Mme de G. conduit directement la jeune fille au couvent, où la supérieure la reçoit comme une hôte attendue.

Eh bien, je dis que Mme de G., Mlle X. et la supérieure sont trois personnes d'ardente piété, mais qu'elles ont de bien bizarres consciences. Entre la conscience laïque et la conscience cléricale, il est des écarts qui ne sont pas toujours en faveur de celle-ci.

*
* *

Un ecclésiastique me disait :

« Les moines font tous leurs efforts pour attirer les jeunes filles à la vie conventuelle. Les jésuites s'en gardent bien, leur politique est autrement habile. Quand ils ont accaparé une jeune fille, au lieu de l'enfouir dans un couvent, ils lui donnent un mari de leur choix, comptant bien un jour dominer par elle le mari et les enfants, sans préjudice de l'influence si puissante de la femme en dehors de son foyer. »

*
* *

Avec la satisfaction de quelqu'un qui a trouvé une perle, un curé de Bretagne, brave homme d'ailleurs s'il en est, expliquait en chaire le mystère de la Trinité de la façon suivante :

« Écoutez bien : Dans un porc, il y a la couenne, le lard et la viande, et tout cela ne fait qu'un cochon ; il en est de même pour la sainte Trinité. »

Le curé dit à ses vicaires : « J'offre le vin blanc et les huîtres, nous avons ce matin un gros mort. »

Paul ne connaissait pas de livre ayant fixé la parole de Jésus.

La vraie Bible, c'est le livre de l'univers, comprenant le Tout, de l'astronomie à l'histoire humaine ; histoire dans laquelle l'Ancien et le Nouveau Testament tiennent une place qui ne manque pas d'importance.

Toutes les nobles doctrines modernes : paix universelle, solidarité universelle, fraternité universelle, ont leur racine dans ce grand universalisme qu'est l'Évangile. — Alors pourquoi les Églises chantent-elles des *Te Deum* ou rendent-elles des actions de grâces, quand on a versé le sang ?

Le monothéisme d'Israël fut hellénisé à Alexandrie, et les synagogues groupèrent autour d'elles des prosélytes qui adoraient le Dieu unique, sans être astreints à la loi mosaïque.

Si les Églises ont uni des hommes, elles en ont encore plus désuni.

A l'époque où Paul écrivait, il n'y avait pas encore d'Évangiles canoniques.

« L'esprit de Dieu, dit Giran, étouffe entre les murs des prisons dogmatiques. Le dogmatisme est le grand meurtrier du sentiment religieux ; jamais on ne fut moins dogmatique que Jésus. »

⁂

En dehors des Églises, il y a le grand parti simplement chrétien.

*
* *

La croyance à l'enfer endurcit singulièrement le cœur des dévots :

Peut-on se montrer assez impitoyable envers des réprouvés, des maudits de Dieu?

Je ne puis consentir au crucifiement de Jésus en expiation de mes fautes.

*
* *

« Je t'aime, dit le Dieu d'Israël, et je sacrifierais des hommes pour toi, je sacrifierais des peuples pour toi. »

Voilà un Dieu dont il est bon d'être l'ami.

*
* *

On croit à l'enfer... pour autrui.

*
* *

On peut être chrétien sans appartenir à aucune Église. Toutes les Églises disparaîtront peut-être un jour, mais l'influence de Jésus durera tant que la Terre tournera.

*
* *

Il est fort invraisemblable que Jésus ait dû quoi que ce soit à l'essénisme; on ne peut en dire autant du monachisme chrétien, avec lequel il offre trop d'analogies.

*
* *

Chez un petit nombre d'individus, la religion exalte les plus nobles facultés de l'âme. Les hommes dont s'honore le plus notre espèce ont été des gens profondément religieux.

Les masses, elles, envisagent la religion comme un procédé pour mettre la Providence au service de leurs petites affaires, pour la guérison d'une entorse ou d'un mal de dents.

Les pratiques niaises pour échapper à l'enfer ou pour obtenir quelque bien terrestre rapportent considérablement à l'Église. De là, nombre de pratiquants dont l'âme n'en est pas moins noire.

*
* *

A Carthage, on brûlait un enfant dans les mains de Moloch pour conjurer un danger.

Le molochisme a pénétré le christianisme, né sur sa frontière; il en a été le fléau en lui offrant le type d'un dieu cruel.

Dès la naissance de l'Église, les chrétiens se

sont partagés en serviteurs de Jésus et en adorateurs de Moloch.

⁂

La doctrine de l'enfer est une continuation du molochisme à travers l'idée chrétienne.

La théorie du molochisme peut se résumer ainsi : un dieu méchant se délecte des souffrances humaines; pour l'apaiser, satisfaisons ses cruels instincts en immolant une autre victime pour nous remplacer.

C'est par une logique analogue que Louis XIV, pour se racheter de l'enfer, dragonna les protestants.

⁂

Quoi qu'on dise, la scène de Gethsemani est en contradiction formelle avec la doctrine de Jésus mourant comme victime expiatoire. D'après la plus consciencieuse étude des Évangiles, la mort de Jésus était *fatale*. Elle était la conséquence inévitable des événements antérieurs et de la mission que Jésus s'était donnée.

La doctrine de Jésus victime expiatoire est paulinienne; elle n'est point évangélique.

Dans la vieille Égypte, comme dans les Évangiles, on attribuait la maladie à la présence d'un mauvais esprit dans le corps. Certaines divinités avaient un pouvoir spécial sur ces mauvais esprits.

*
* *

Dans son ouvrage sur l'*Expérience religieuse*, M. William James porte ce jugement sur saint Louis de Gonzague : « Quand l'intelligence est ainsi rétrécie et renferme une aussi pauvre idée de Dieu, la sainteté, même héroïque, nous inspire plus de dégoût que d'admiration. » La sainteté, en effet, a pour écueil le détestable bigotisme.

*
* *

Dans la pensée moderne, la masse entend bien rester chrétienne, mais elle abandonne de plus en plus la christolâtrie.

*
* *

Le jésuite, personnellement très austère, n'en est pas moins l'apôtre du catholicisme mondain, c'est-à-dire de tout ce qu'il y a de plus opposé à l'esprit de Jésus.

*
* *

La séparation de l'Église et de l'État devrait borner les fonctions de l'État à la gestion de nos intérêts matériels — tel fut du moins le désir de Jésus. Il voulut fermement la liberté de l'âme, liberté singulièrement bornée quand on s'asservit à la politique.

*
* *

Les Marocains sont très religieux, c'est peut-être le peuple le plus religieux de la terre; ce qui ne les empêche pas de manquer de pudeur et d'être fort dissolus. C'est un exemple remarquable de la différence entre la religion et la morale.

Voltaire avait déjà remarqué qu'on n'y manque pas aux cinq prières, mais qu'on s'y massacre à plaisir.

*
* *

La raison, déclarée impuissante, n'en est pas moins invoquée par les croyants pour démontrer que la foi seule peut donner à l'homme la solution nécessaire pour gouverner sa vie.

*
* *

Les faits sont des faits, les nier ou les dissimuler ne sert de rien : il y a antagonisme, ou du moins mésintelligence, entre la démocratie et le christianisme; à tort, je le veux bien. Cette mésintelligence s'accentue d'autant plus que l'Église est plus autoritaire. Là où le christianisme a revêtu la forme d'Églises libérales, le conflit ne dégénère pas en luttes violentes.

⁂

Dans les Actes des Apôtres, encore moins, si possible, dans les Épîtres de Paul, il n'est question de la primauté de Pierre.

⁂

Le ritualisme contemporain, contraire à la doctrine de Jésus, est assimilable au paganisme, d'où il tire son origine.

Il y a des divergences ou même des contradictions dans les apparitions de Jésus après sa crucifixion, de sorte que les critiques peuvent les nier isolément (à part celle de saint Paul). Mais il y a certainement eu des apparitions; sans elles, l'établissement de la primitive Église reste inexplicable.

Jésus est apparu à ses disciples après sa mort; voilà le fait. Quand et comment? Pour le comprendre, il faut, ce qui n'est point facile, nous assimiler la mentalité de ce temps. Si l'on y parvient, le fait n'est plus aussi surprenant.

Les visions et les apparitions étaient alors chose courante. On y croyait aisément parce qu'elles étaient fréquentes. L'histoire de l'antiquité en est pleine.

Il est certain que les primitifs, les gens dont l'esprit n'a pas subi l'influence scientifique, quand ils sont dominés par une idée passionnante, extériorisent leurs sensations internes; ils voient au dehors ce qui, en réalité, se passe en eux.

*
* *

D'après l'ancienne théologie catholique, l'organisme du catholicisme remonte à l'Église des premiers jours et a été consacré par Jésus-Christ.

D'après les partisans d'une exégèse plus moderne, l'Église primitive n'aurait connu que les embryons de l'organisme actuel.

Enfin, d'après les historiens indépendants, l'organisme catholique aurait son origine dans la lutte des premiers évêques contre le gnosticisme et se serait développé, lentement, par les effets d'une orthodoxie se figeant dans des symboles et de l'habile ambition de l'évêque de Rome.

*
* *

Traqué par la fureur des habitants de la Mecque, Mahomet s'enfuit vers Médine avec Abou-Bekr et un domestique. Sa tête, mise à prix, vaut cent chameaux.

Saroka, à sa poursuite, le serre de près avec une escorte nombreuse. A vue d'œil, la distance se raccourcit entre poursuivants et poursuivis. Tout à coup le cheval de Saroka se cabre et le cavalier tombe. Aussitôt Mahomet s'arrête et fait à Saroka au nom de Dieu une adjuration solennelle. Désarmé par la contenance du prophète, son implacable ennemi se retire en implorant son pardon. Voilà un écart de cheval d'une singulière importance dans l'histoire.

Cette lubie d'un cheval et le vol d'oiseaux aperçu par Pinzon à la tombée de la nuit ont décidé de la religion d'un continent et de près du quart de l'humanité (1).

Dans la vie de chacun de nous, comme dans la vie des peuples, des incidents fort insignifiants par eux-mêmes ont des conséquences colossales.

Il faut toutefois se dire : La mésaventure de Saroka n'aurait pas sauvé le prophète sans ce merveilleux sang-froid que, dans les circonstances difficiles,

---

1. La route voulue par Colomb le faisait aboutir aux États-Unis, qui auraient été espagnols et catholiques. Un soir, Pinzon, lieutenant très influent de Colomb, aperçut un vol d'oiseaux ; se figurant que les oiseaux allaient coucher à terre, il obtint de l'amiral d'obliquer au sud.

Mahomet puisait en son inébranlable confiance en Dieu.

*
* *

Le Maroc est le pays des Saints habituellement désignés par le titre de *Sidi*. Partout les Saints ont remplacé les anciens petits dieux. A moins d'une grande culture, l'homme ne peut se borner à l'adoration du Dieu unique et universel du monothéisme pur, il ne se sent pas de taille à s'adresser à lui ; il lui faut à tout prix des intercesseurs.

*
* *

Le pape pourrait-il être réformateur ? Il faudrait qu'il commençât par renoncer à son infaillibilité.

*
* *

Comme l'a dit fort justement M. Briand, avec les cultuelles de 1905, le clergé pouvait édifier une Église catholique française *très puissante*. Le pape a frappé le catholicisme en France d'un coup dont il ne se relèvera probablement jamais.

*
* *

La France a été livrée au matérialisme par l'arrogance et la cupidité de l'Église ; celle-ci n'en a pas moins rendu (et rend encore) des services qu'il serait injuste de méconnaître; elle produit des âmes excellentes, surtout parmi les femmes, et nourrit les masses d'un peu d'idéal.

*
* *

Dans les synoptiques, tous les miracles de Jésus sont des actes de pitié; il n'en est plus de même dans le quatrième Évangile.

Dans les religions différentes du christianisme et même le plus souvent dans le christianisme post-évangélique, les miracles sont étonnants, mais dénués de toute valeur morale.

*
* *

Iahveh est le Dieu fédéral qui unit les tribus bédouines dont se composa le peuple d'Israël.

*
* *

On sent dans les synoptiques la parole vivante de Jésus; dans le quatrième Évangile, les soi-disant discours du divin Maître sont des discours de théologie adressés par l'auteur aux lecteurs.

*
* *

« Si les peuples, dit M. Jules Garat dans les *Faux*

Titans, se sont éloignés du Christ, c'est qu'on a voulu le leur imposer non par la sainteté, mais par la force et l'intrigue. »

***

Dans *Notre-Dame de Paris*, Victor Hugo donne pour titre à l'un de ses chapitres : « Ceci tuera cela. »

Ceci est l'imprimerie, *cela* est la cathédrale.

Cela est encore solide — mais aujourd'hui tout le monde sait lire et le journal à un sou est un mineur sournois.

Nul ne peut prévoir l'avenir, mais qui peut affirmer que le journal à un sou ne supplantera pas la cathédrale ?

***

En 672, nous apprend M. Michel Revon, dans son étude sur le shintoïsme, trois divinités, ayant fourni des renseignements militaires utiles, furent élevées au rang supérieur par l'empereur, sur la proposition des généraux. En 898, promotion de 340 dieux comme don de joyeux avènement ; en 1172, promotions en masses.

Cela nous semble fort extraordinaire ; mais, au fond, est-ce si différent des promotions de saints canonisés par le Vatican ?

***

La femme, n'ayant pas trouvé place dans la Trinité, s'est assise à côté comme Mère de Dieu.

*
* *

Le sacerdoce chrétien a son origine dans le paganisme, Jésus ayant toujours combattu le monopole sacerdotal s'imposant entre l'homme et Dieu.

*
* *

La trahison de Judas est incompréhensible, telle qu'elle est rapportée par les Évangiles. La trahison est certaine. Suivant l'explication la plus plausible, Judas se rangea parmi les disciples dans l'attente d'une brillante situation près du Messie temporel attendu par la plupart des juifs. Quand il vit Jésus repousser toute autorité temporelle pour sa grande conception du Messie spirituel, il prit en haine l'auteur de ses déceptions. Comprenant d'ailleurs, peu avant l'arrestation de Jésus, que la cause de son ancien maître était perdue, il passa du côté du plus fort.

*
* *

Au Japon, Izanaghi (le dieu créateur mâle) et Izanami (la déesse créatrice) engendrèrent d'abord l'enfant-sangsue ; voyant qu'ils n'avaient pas réussi dans leur premier essai, il abandonnèrent ce produit manqué sur un bateau de roseau et se remirent à l'œuvre dans l'espoir d'un résultat meilleur.

L'idée d'évolution perce partout dans la genèse nipponne.

*
* *

Toutes les religions antiques pratiquaient des sacrifices sanglants; seul, le rituel védique imposait (et impose) des offrandes de gâteaux, de lait, surtout du suc de la plante sacrée, le soma.

*
* *

Je me suis fréquemment trouvé en contact avec le bouddhisme cambodgien (fort mélangé d'ailleurs de brahmanisme) et la profonde quiétude qu'il donnait à ses adeptes m'a vivement frappé.

Quand un mystérieux malheur imprévu frappe un Cambodgien, il le considère comme la punition d'une faute commise dans une vie antérieure ; la faute antérieure ayant été ainsi expiée, il recouvre sa pureté originelle et n'a plus à répondre que de sa vie présente.

*
* *

La monolâtrie a précédé le monothéisme d'Israël, œuvre des grands prophètes — primitivement Israël adorait le seul Iahveh, tout en reconnaissant l'existence des autres dieux.

Il y a là un problème non résolu : pourquoi Israël fut-il le seul peuple monolâtre, quand aucun des peuples en contact avec lui ne se contentait du culte du dieu local ?

L'Égypte professait le culte des animaux avant l'arrivée des envahisseurs pharaoniques. Il se forma un culte auquel participèrent les dieux des autochtones et des immigrants ; la fusion ne fut complète que pour Horus, le faucon. Jusqu'à l'avènement du christianisme, les classes inférieures demeurèrent fidèles au vieux culte des animaux.

Dans la vieille Égypte, les hauts fonctionnaires et les rois s'adressaient aux grands dieux. Le peuple n'y avait que très exceptionnellement recours ; il s'adressait de préférence aux petites divinités, surtout aux dieux domestiques, serpent, oie ou bélier.

Dans l'islam, particulièrement au Maroc, on s'adresse aux tombeaux des saints intercesseurs.

Chez nous, on invoque le saint en vogue.

Partout et toujours on méconnaît le vieux proverbe : Il vaut mieux s'adresser au bon Dieu qu'à ses saints.

*
* *

D'après M. Wilken, le taureau Apis n'était, de son vivant, qu'un animal sacré ; il ne devenait dieu qu'après sa mort par son union avec Osiris. M. Wilken a trouvé un procès-verbal de l'ensevelissement d'Apis. La commission se compose d'un prêtre, de deux fonctionnaires, de plusieurs citoyens memphites ; le drap mortuaire était en byssus.

*
* *

La vie des Égyptiens était déterminée par une infinité de divinités que l'on se rendait favorables en leur construisant des maisons bien approvisionnées de tout le confortable, vivres, vêtements, parfums... Si le dieu ne remplit pas bien ses fonctions, après l'avoir menacé de le réduire à la misère, on le congédie ; mais d'ordinaire on le cajole et on le flatte.

*
* *

Au cours des fouilles d'Abydos, on découvrit une stèle de la reine Tétashera, rapportant une conversation du pharaon, son fils, avec son épouse, tous deux fort préoccupés du bien-être des défunts. Dans cette conversation, le roi s'exprime ainsi au sujet de sa mère : « Ma Majesté désire lui élever une pyramide et une chapelle sur le terrain sacré en un monument commémoratif de ma Majesté ! Que l'on creuse un lac, que l'on plante des arbres, que l'on institue des offrandes, que l'on y attache des vassaux, que l'on y consacre des champs, qu'on l'approvisionne de bestiaux ! Que les prêtres de double et les lecteurs s'occupent de remplir leurs fonctions, chacun connaissant ses obligations ! »

Par cet exemple, on peut voir combien devait être lourd pour le peuple ce culte des pharaons et des membres de leurs familles.

« Il n'est pas de religion orientale, dit M. F. Cumont, dont on puisse suivre l'évolution aussi exactement que celle de Cybèle et d'Attès. »

Ce fut une bien étrange circonstance, celle qui fit faire au culte de Cybèle le brusque saut colossal de Pergame à Rome.

Les livres sibyllins promirent qu'Hannibal serait chassé d'Italie si le culte de la Grande Mère phrygienne était importé à Rome. Le Sénat envoya donc au roi Attale une ambassade dans ce but. Le prince phrygien s'empressa de se rendre au vœu des Romains et fit don aux ambassadeurs du siège même de la déesse, lequel n'était autre qu'un grand aérolithe noir. Un clergé phrygien nécessaire au culte de la *Magna Mater* accompagnait ce fétiche.

Cybèle, déesse de la Terre, était considérée comme la mère féconde de toutes choses. Attis, son époux, était le dieu de la végétation et le pin lui était consacré. Tous deux siégeaient sur les cimes de l'Ida et du Bérécynthe, mais Attis au second rang, souvenir sans doute du vieux matriarcat. La conception de la divinité, chez les fidèles de la Grande Mère, encore tout imprégnée du fétichisme primordial, était fort imprécise. Ils adoraient les arbres, les pierres, les rochers, les aérolithes, divers animaux, entre autres le lion, monture ou attelage de Cybèle.

Les Phrygiens, dit M. Cumont, pleuraient désespérément l'agonie et la mort de la végétation, comme ils s'adonnaient au printemps avec une exaltation sauvage à la joie la plus désordonnée. Ils se livraient alors aux rites les plus étranges, à des danses échevelées, à de furieuses orgies sacrées. Dans ces fêtes, les prêtres, fanatisés jusqu'à la frénésie, se tailladaient le corps; grisés par la vue du sang, ils en aspergeaient l'autel de la déesse; quelques-uns même, emportés par la démence religieuse, lui faisaient le sacrifice de leur virilité.

Le Sénat, scandalisé de ces étranges pratiques, interdit aux Romains d'entrer dans le clergé de la déesse, alimenté par des prêtres ou des prêtresses expédiés de Phrygie.

*
* *

Jusqu'à la fin de la République, ce culte, relégué au mont Palatin, surveillé de près par le gouvernement, mena une existence assez obscure. Exceptionnellement autorisé à sortir de son temple, le cortège de Cybèle faisait de rares apparitions dans les rues. Les prêtres, revêtus de costumes bizarres, surchargés d'amulettes et de bijoux, traversaient la ville au son des tambourins.

A la suite d'une apparition en songe, la superstition du dictateur Sylla importa d'Asie à Rome le culte de la déesse Mâ, son invincible protectrice dans les combats, culte encore plus farouche et plus sanguinaire que celui de la déesse de Pessinonte. Ses fanatiques, revêtus de robes noires, tournoyaient jusqu'au vertige au son des trompettes et des tambourins, se frappaient eux-mêmes de leurs glaives, buvaient leur propre sang et en aspergeaient la statue de la déesse.

Sous Caligula, le culte d'Isis fut autorisé ; ses imposantes processions obtinrent de grands succès. Il devint impossible de maintenir l'exil de Cybèle qui, depuis si longtemps, avait droit de cité. Sous Claude, successeur de Caligula, le culte de la *Magna*

Mater, devenu libre, prit une ampleur extraordinaire ; sa pompe, le magnifique char de la déesse, impressionnèrent vivement les foules. Sa musique entraînante, les riches costumes de ses prêtres, ses longues confréries nu-pieds, portant insignes et bannières, soulevèrent l'enthousiasme. A ces effets sensuels, sous l'influence du mazdéisme, se joignirent des espoirs infinis d'immortalité et de résurrection, symbolisés par la mort et la résurrection annuelles d'Attis.

Dans l'ancienne religion des Achéménides, dit M. F. Cumont, Mithra, le dieu de la lumière, formait couple avec Anahita, la déesse des eaux fertilisantes. En Asie, celle-ci fut assimilée à la *Magna Mater* et quand, à la fin du premier siècle, les mystères mithriaques se répandirent dans les provinces latines, ses sectateurs construisirent leurs cryptes sacrées à l'ombre des temples de Cybèle.

C'est vraisemblablement à cette conjonction de cultes qu'il faut rattacher l'introduction du taurobole dans le rituel de la *Magna Mater*, dont il fait partie depuis le deuxième siècle. M. F. Cumont nous donne la saisissante description de ce sacrifice, laissée par Prudence, poète latin chrétien, né en 348.

Le myste, couché dans une excavation, recevait le sang d'un taureau égorgé au-dessus de lui sur un plateau à claire-voie. « A travers les mille fentes du bois, dit le poète, la rosée sanglante tombait dans la fosse. L'initié présente la tête à toutes les gouttes qui tombent. Il y expose ses vêtements et tout son corps qu'elles souillent. Il se renverse en arrière pour qu'elles arrosent ses joues, ses yeux, ses oreilles, ses lèvres, ses narines; il inonde ses yeux de liquide; il n'épargne pas son palais, il inonde sa langue de sang noir et le boit avidement. »

C'est une croyance très répandue chez les sauvages que le sang est le siège de la vie, qu'en l'absorbant ou en s'en oignant, on se fortifie et on s'assimile les qualités de l'être à qui ce sang avait appartenu. L'origine de nombre d'institutions religieuses remonte à cette croyance primitive aux propriétés spéciales du sang : ainsi le taurobole et l'eucharistie.

C'est encore à cette croyance à la propriété du sang de contenir la vie qu'est due, dans certains rites, la coutume de réserver aux dieux le sang considéré comme trop divin pour être absorbé par des mortels. Exemple de ce fait assez fréquent : la même opinion donne lieu à des conséquences opposées selon le point de vue.

En s'aspergeant du sang d'un taureau, on crut d'abord simplement acquérir les forces et l'énergie du taureau.

En s'assimilant le corps et le sang du Christ, on s'assimilait la sainteté du Christ.

C'est une pratique fort répandue chez les primitifs de dévorer en commun la chair d'un animal conçu comme divin et l'on croit ainsi s'assimiler le dieu, s'identifier avec lui et s'approprier ses qualités en même temps que sa substance.

Suivant une inscription, par le taurobole l'homme était *in æternum renatus*.

Le taurobole était, en effet, la mort du vieil homme et la renaissance de l'homme nouveau. Aussi la descente dans la fosse, considérée comme une inhumation, était-elle accompagnée d'une mélopée funèbre.

Purifié de toutes ses fautes par ce baptême rouge, le célébrant s'offrait à l'admiration des foules, qui l'égalaient à la divinité.

Si répugnant que soit le taurobole, il n'en prouve pas moins combien était impérieux le besoin de purification dans cette société si dissolue de Rome.

La Mère des dieux fut mise au-dessus de la Mère de Dieu et le baptême rouge fut déclaré plus efficace que le baptême de l'Église. Les païens soutenaient que l'Église avait contrefait leurs rites les plus saints en plaçant la semaine sainte aux équinoxes de printemps.

Saint Augustin, dit M. Cumont, s'indigne de ces prétentions blasphématoires et raconte qu'un prêtre de Cybèle lui répétait : « Le dieu coiffé du bonnet phrygien (Attis) est aussi chrétien. » Ce prêtre assimilait le taurobole au baptême et la résurrection d'Attis à la résurrection de Jésus-Christ.

Mais tous les efforts pour soutenir ce culte frappé de déchéance morale furent vains, et le Vatican, observe M. Cumont, s'élève à l'endroit même où, à la fin du quatrième siècle, s'accomplissaient les derniers tauroboles.

Toutes ces religions orientales, remontant à une époque de primitive barbarie, conservaient l'impudeur et la cruauté de leur origine. Elles se célébraient par des orgies, des scènes sanglantes et des obscénités. Tous les efforts du symbolisme pour voiler leur grossièreté devaient fatalement échouer.

La douche de sang du taurobole conservait toujours la couleur d'une fête de cannibales.

Des deux grands types de religion, l'hindouisme et le christianisme, le premier aspire à la délivrance par le dédain du monde extérieur; le second envisage la vie comme un combat entre le bien et le mal.

De là, l'hindouisme est une religion de passivité et le christianisme une religion d'activité.

L'antiquité presque tout entière considéra les

astres comme des êtres animés. Aujourd'hui, nous ne les considérons plus comme des vivants. Ils ne sont plus vivants par eux-mêmes, mais ils sont d'ardents foyers de vie.

*
* *

Les vieilles superstitions barbares sont souvent d'une solidité à toute épreuve. Elles défient le progrès et le temps. Le folk-lore en fournit à foison des exemples. Celui des derviches tourneurs et des Aïssaouas est un des plus intéressants. On peut en faire remonter l'origine au culte le plus antique et le plus sauvage de la déesse Mâ, dont la superstition de Sylla dota Rome. Les Aïssaouas sont bien les successeurs de ces prêtres qui se tailladaient le corps à coups de glaive ; et les derviches tourneurs, toujours en faveur chez les Turcs, tournent exactement comme au temps de Sylla.

*
* *

Je ne puis comprendre comment certains chrétiens considèrent comme impie l'étude des religions qui se sont partagé ou se partagent l'humanité. Car, de cette étude, ressort avec évidence la supériorité du christianisme.

*
* *

Les musulmans ont en horreur le dogme de l'incarnation. A ce sujet, ils sont unanimes, du Yunam et de Java au Niger. Mais les chiites outrés professent une doctrine quelque peu tangente, semble-t-il, à la conception chrétienne. Ils l'appellent huloûl (la descente). C'est l'incarnation (la descente) de la Divinité dans un corps d'adulte. Exemple : Ali fils d'Abou-Talib.

C'est bien là un des problèmes religieux les plus obscurs.

Quelle relation y a-t-il entre l'humanité et le Tout? Quelle relation y a-t-il entre l'individu et l'Être souverain? S'il y en a une, quelle est sa nature? Quelle est la valeur de cette croyance générale que des hommes ont joué le rôle d'intermédiaires entre l'homme et le Divin?

Chez les nomades de la mer Morte, on égorge une brebis en l'honneur de l'esprit du lieu sur lequel on dresse une tente nouvelle. C'est pour détourner la colère de l'esprit de ce lieu en l'indemnisant de l'atteinte portée à son domaine. C'est ce que j'ai vu faire pendant mon séjour à Grand-Bassam (en 1857) pour la fondation d'un village. Mais à Grand-Bassam on faisait les choses en grand et le sacrifice humain était considéré comme nécessaire pour indemniser le dieu de l'atteinte portée à sa propriété.

La mentalité primitive est d'une étonnante uniformité en tous lieux et tous pays.

*
* *

Le primitif a vénéré le phallus, parce qu'il adore toutes les forces de la nature; il voit en lui, non sans raison, le symbole et le père de la vie. Tout meurt, mais, par l'intervention de cet extraordinaire organe, tout renaît sans cesse et sans fin. Il est bien le représentant naturel par excellence de la création. Quand Isis parvint à réunir les membres dispersés de son époux, le phallus manquait. Aussi Osiris dut-il se résigner à ne plus régner que sur les morts.

*
* *

Il est certain que le culte des montagnes, des pierres et des rochers suffit aux premières observations mythologiques de l'homme. Le culte de Cybèle n'est déjà plus un culte primitif. Il suppose une intelligence déjà susceptible d'abstraction et de synthèse, une intelligence capable de concevoir une grande entité de forme féminine dont la fonction principale est celle de la maternité.

*
* *

Quand le cortège de Cybèle défila, à son arrivée à Rome, le Sénat scandalisé se trouva dans un grand embarras. Rien de plus opposé que ce fanatisme violent et grossier, d'une part, et la dignité calme, quelque peu compassée, du culte officiel de Rome. Ces rites furibonds, exercés par des prêtres émasculés, accusés de mœurs infâmes, inspirèrent d'abord un profond dégoût.

*
* *

Le Dyonisos thrace était le dieu de la végétation, dont M. Foucart nous dépeint le caractère sauvage :

« De tout temps les sommets boisés, les épaisses forêts de chênes, les antres tapissés de lierre ont été son séjour préféré. A voir les ruisseaux se précipiter en cataractes écumeuses, à entendre les mugissements des taureaux qui paissaient sur les hauts plateaux et les bruits étranges de la forêt battue par les vents, les Thraces s'imaginaient reconnaître la voix du maître de cet empire. »

Le plus sûr moyen de conquérir la faveur des dieux est de les imiter ; aussi les Thraces, dans leurs fêtes religieuses, s'efforcèrent-ils d'atteindre le délire divin.

*
* *

Quand un fidèle polythéiste s'adressait à un dieu,

quel qu'il fût, il le sollicitait comme s'il était le tout-puissant et seul dieu. Aujourd'hui, il en est de même; quand on s'adresse à un saint, il est momentanément considéré comme le seul intercesseur.

*
* *

Pour le bouddhisme, la négation de la vie contingente peut seule conduire à l'existence absolue. Autant que le christianisme, le bouddhisme a fait les plus sincères efforts pour faire naître le sentiment de la liberté intérieure.

*
* *

Le bouddhisme de l'Inde et le polythéisme grec prouvent que le polythéisme peut vivre en fort bons termes avec une philosophie très développée.

*
* *

L'ordalie prouve la quasi indéracinable persistance des vieilles superstitions. Le duel est une des formes antiques de l'ordalie et il n'est pas près de disparaître. Au sud-ouest de la côte d'Afrique, nous retrouvons l'ordalie, à bien peu près, telle qu'on la pratiquait en France au Moyen Age.

*
* *

Chez les primitifs, la morale n'a aucun rapport avec la religion, la religion est amorale.

La pureté est essentiellement rituelle et mécanique ; on se purifie par des moyens physiques.

La faute est physique. Le meurtrier doit se purifier de même façon, que le meurtre soit volontaire ou involontaire. L'acte qui réclame une purification est d'avoir répandu le sang ; l'intention ne compte pour rien.

La croyance à l'efficacité de certaines cérémonies pour la purification et à leur suffisance pour se faire absoudre a longtemps entravé les progrès de la morale. Bien des gens soi-disant religieux en sont encore là. La nécessité du repentir ne gagne du terrain que très lentement.

La souillure est contagieuse. Aussi l'homme souillé (surtout par transgression des coutumes superstitieuses de la tribu) est soumis au tabou. Heureusement, il existe des agents doués de la faculté de contre-balancer les mauvais effets des actes impurs, tels que l'eau, le feu, certaines substances odorantes.

Le primitif traite les surhumains comme il traite ses supérieurs humains ; il les flatte et leur rend hommage ; mais, s'il en est mécontent, il lui arrive de les menacer de les priver d'offrandes et de les laisser dans le dénuement.

Il ne demande d'ailleurs que des biens matériels. Il faut que la religion ait fait de grands progrès pour que la prière aboutisse à la demande de biens spirituels et moraux, notamment la force de résister à la tentation, ce qui est le rôle le plus précieux de la prière.

Les Chinois ont fait de l'opposition aux chemins de fer, parce que les ingénieurs ne prenaient pas les précautions nécessaires pour éviter de briser les vertèbres du dragon terrestre.

M. Wiedeman dit que nous savons fort peu de chose sur la religion de l'Égypte. Il a bien raison. Mais cela ne vient-il pas, en partie, de ce que nous réclamons à tout prix *une* religion de l'Égypte? tandis que, vraisemblablement, elle a évolué avec les temps et les lieux et que, dans ces évolutions, elle a revêtu des caractères fort différents.

Il est bien difficile de croire que les invasions et les révolutions qu'a subies l'Égypte n'aient pas, à maintes reprises, modifié ses croyances.

C'est un monument ruiné dont nous voyons, çà et là, se dresser de nombreux fragments ; mais c'est un monument auquel ont travaillé, pendant des siècles, des générations différentes, guidées par une longue suite d'architectes de génies différents. Rien ne nous dit que ces fragments n'appartiennent pas à des ordres d'idées très diverses et qu'on ne mêle pas, en voulant en faire un tout unique, des modes de penser discordants ou tout au moins différents. Il faut classer ces débris, et ce n'est pas œuvre commode.

Il semble bien certain, et M. Wiedeman l'établit sur des documents irrécusables, que le premier culte des Égyptiens *indigènes* a été le culte des animaux. Ce culte se prolonge, surtout dans les classes inférieures, jusqu'aux derniers moments de la religion égyptienne.

D'autre part, il semble non moins incontestable qu'à une époque donnée l'Égypte a connu le monothéisme. La récente découverte d'hymnes gravés dans le temple d'Esneh ne peut guère laisser de doutes à ce sujet.

Knoum seul a fait l'homme de ses propres mains, apportant à ce travail la plus méticuleuse attention.

Il a créé les animaux de toutes espèces.

Il a construit le monde, il est antérieur à tout.

Il a produit les dieux, mais il existe par lui-même, indépendant, incorporel.

Knoum est éternel.

Pour la construction du monde, il s'incarne en quatre béliers (les quatre éléments) qui sont le feu, l'eau, l'air, la terre. Ces quatre béliers sont les incarnations du Knoum unique.

S'il revêt diverses formes, il n'en est pas moins unique, indivisible, éternel.

Séparé en quatre éléments, avec la chaleur, il sèche la terre émergée de l'eau ; avec l'air, il sépare la terre de l'eau céleste.

On le représente souvent avec quatre têtes de bélier — le bélier jouit de ce privilège de représenter le dieu suprême parce que toute sa force est dans la tête.

Les hymnes d'Esneh s'accordent avec des traductions de Champollion : « Les habitants de la Thébaïde reconnaissent Knouphis comme incréé et immortel. » — « Knouphis est l'esprit créateur de l'univers, le principe des essences divines, le soutien des mondes. »

Ainsi, au départ, avec les Égyptiens indigènes, le culte des animaux ; le monothéisme à l'apogée.

*
* *

La tombe de Honia, intendant de la reine douairière Taïa, nous renseigne avec précision sur la vie pharaonique. En effet, personnage important près de la reine-mère, il fut en rapports fréquents avec le pharaon. Quand il prépara sa tombe, selon l'usage, il y fit peindre les principaux événements de sa vie. Honia fut ainsi tout naturellement conduit à représenter l'existence des grands près desquels il avait vécu et les événements dont il avait été témoin.

Cette tombe nous renseigne aussi sur les frais extraordinaires du culte des grands morts. Il ne suffisait pas de leur élever des pyramides et des monuments de toutes sortes. Outre les monuments coûteux, il fallait, pour entretenir le culte de ces ombres, des collèges de prêtres et des cortèges de serviteurs auxquels des terres étaient affectées à cet effet. On devait assurer aux nobles morts une existence égale à celle dont ils avaient joui de leur vivant.

Il importait, il est vrai, de rendre sensible aux yeux des masses, par de grandes manifestations funéraires, la continuité de la descendance solaire des pharaons (descendants du Soleil, comme le mikado).

Chez tous les primitifs, le monde d'outre-tombe est fort aristocratique; car la survie n'est que le prolongement de la vie terrestre. Après la mort, les chefs sont encore chefs et les esclaves encore esclaves. Dans ces croyances, du moins, tous survivent; on passe dans un autre monde qui n'est pas meilleur, mais qui n'est pas plus mauvais que celui-ci. En Égypte, l'aristocratie dans la mort va plus loin : la survie est le privilège des riches. La survie, en effet, exige, comme condition nécessaire, des funérailles, des constructions, enfin des rites très compliqués et très coûteux. La mort, pour la masse, est donc l'anéantissement.

Dans les peintures intérieures des tombeaux des grands, les premiers serviteurs sont représentés *avec leurs noms ;* ils accompagneront donc leur maître et continueront à le servir comme jadis sur la terre. Souvent, ces mêmes tableaux représentent des groupes anonymes accompagnant la famille, occupés, par exemple, au transport des provisions. Ces gens de peu, n'ayant point de nom dans le tableau, n'ont pas droit à la survie. Or, dit M. Maspéro, l'examen des tombes montre qu'après coup, d'une main maladroite, on a gravé des noms près des figures anonymes. Ce sont de pauvres diables qui, pour obtenir une chance de survie, s'enrôlaient parmi les clients du maître. En inscrivant leurs noms près de ces figures anonymes, ils y attachaient leur double. Il prenaient ainsi du service chez le défunt et, pour peu qu'on n'effaçât pas leur légende, ils s'acquittaient, près du mort, de la fonction que la figure représentait ; ils en gagnaient le salaire, évitant ainsi l'anéantissement de leur être.

*
* *

Le Hab-Sadou, nous apprend M. Legrain, était la cérémonie par laquelle le pharaon était divinisé de son vivant. Quoique vivant, on devait le considérer, et il devait se considérer lui-même comme mort. Il officiait devant sa propre image funéraire, se dédiait des monuments commémoratifs et se créait un service, dont il assurait la pérennité par la constitution de biens wa'kfs.

Adoré de son vivant, le pharaon était encore adoré après sa mort. Ainsi M. Loat a découvert, à Gurob, un temple consacré à Thoumès III. On y a trouvé de nombreuses stèles consacrées à l'adoration du double du roi.

*
* *

Moïse, dit M. Harper, a délivré Israël de la servitude d'Égypte ; il a réuni en un seul faisceau un certain nombre de clans et répandu une nouvelle conception de la divinité rattachée au culte de Iahveh.

Il est difficile de déterminer le caractère moral du mosaïsme ; vraisemblablement, il a servi de base à l'ancien prophétisme qui, lui-même, a servi de base au prophétisme ultérieur et supérieur.

Iahveh est d'abord le dieu du Sinaï, le dieu de la guerre et de l'orage. Après la conquête de Canaan, on le fait monter au ciel, d'où il domine tous les autres dieux et les phénomènes de la nature. Il est élu Dieu national, supérieur à tous les dieux des autres nations. Enfin, il devient le Dieu du droit et de la justice. Élie prescrit à Israël de ne plus adorer d'autre dieu; la religion est donc bien encore de la monolâtrie, pas encore du monothéisme; mais elle est infailliblement appelée à le devenir. La règle de l'Israélite fidèle est contenue dans le Décalogue et le livre de l'Alliance.

*
* *

L'étude des vieilles religions conduit à cette conséquence que presque toutes ont évolué vers le monothéisme.

En sortant de la phase fétichiste, elles aboutissent au polythéisme. Israël n'a pas échappé à la loi générale. Les prophètes ont dû lutter héroïquement contre les tendances de leur peuple, tendances qui l'ont plus d'une fois emporté. A l'origine, le monothéisme ne se trouve nulle part, pas plus chez les Hébreux qu'ailleurs. Ils eurent cet incontestable mérite de pratiquer de bonne heure la monolâtrie et d'avoir été les seuls à la pratiquer. En réalité, ils ont pratiqué le culte du seul Iahveh, avec qui ils avaient passé un contrat : Iahveh adoptant les Hébreux pour son peuple et les Hébreux adoptant Iahveh pour leur dieu unique, tout en reconnaissant l'existence et le pouvoir des dieux des autres groupes humains.

*
* *

Toutes les fêtes de l'Ancien Testament sont des fêtes agricoles : elles sont postérieures à la conquête de Canaan et n'ont pu être les fêtes des Hébreux nomades.

*
* *

Israël a été travaillé par deux tendances opposées : le large courant universaliste des grands prophètes, l'exclusivisme étroit d'Ézéchiel et du code sacerdotal.

*
* *

Les croyances perses ont eu une influence bien marquée sur la religion d'Israël, notamment par leur contribution au développement de l'angélologie et de l'eschatologie.

Quand les grands prophètes firent de Iahveh le souverain directeur de l'univers, il lui fallut des anges comme messagers ou exécuteurs de ses volontés ; ce fut surtout la Babylonie qui les fournit.

*
* *

Ézéchiel condamne énergiquement le passé d'Israël, passé qu'il voudrait lui faire prendre en horreur. Ce n'est pas seulement pour diriger le peuple dans une vie meilleure, c'est surtout pour justifier Dieu d'avoir permis l'exil. En effet, d'après les croyances les plus répandues, Iahveh s'était engagé à défendre son peuple quand même et contre tous.

On est bien obligé d'admirer cette prodigieuse vitalité du judaïsme, dont il a donné de tout temps de si étonnants exemples, et dont il donne des preuves si éclatantes en Russie. On comprend l'orgueil d'Israël : il a le droit de se vanter d'avoir pour fidèles les membres de la plus antique religion du monde, la seule qui se perde dans la nuit des temps, avec un caractère de continuité ininterrompue. Son histoire est une suite de luttes violentes ou d'atroces persécutions, tant avant qu'après l'avènement du christianisme. Les rois d'Assyrie, les Romains ont été impuissants à le détruire, comme le fanatisme du Moyen Age. Il reste debout, en dépit des « pogroms » anciens et modernes, honte de l'humanité.

Suivant le prophète persan Béha, la paix universelle est le seul moyen de remédier aux maux de l'artillerie, « instrument infernal ».

Lorsque Béha fit cette révélation, il fut sûrement inspiré par M. de La Palisse.

Le béhaïsme est bien issu de l'islamisme, mais il est une religion essentiellement pacifique, tandis que l'islam est une religion essentiellement guerrière.

Comme l'image du soleil, vue dans un miroir, est le reflet de l'astre radieux, Béha est le reflet de Dieu. — Comme Jean-Baptiste fut le prédécesseur du Christ, le Bab (suivant Béha) est le prédécesseur de Béha.

Quoi qu'il en soit, au dire de témoins bien informés, le béhaïsme, en Perse, a ramené au bien une foule d'Asiatiques corrompus et dissolus. C'est un résultat.

Dans cet Orient, exportateur de religions, les inspirés, profondément convaincus que Dieu réside en eux et parle par leur bouche, se rencontrent assez fréquemment. Leur conviction est communicative et, sans trop de peine, ils rallient de nombreux adhérents. Cette partie du globe a la spécialité de produire les prophètes, les incarnations, les *descentes* (huloul) de Dieu lui-même en un humain.

Le Bab et son successeur Béha en sont de remarquables exemples.

En 1844, le Bab commença ses prédications dans

la mosquée des Forgerons; il se déclara envoyé de Dieu et publia un livre destiné à remplacer le Qoran.

Mohamed Châh envoya Darabi, théologien renommé attaché à la cour, faire une enquête sur le mouvement religieux provoqué par le Bab. Darabi se déclara converti et se rangea parmi ses disciples, acte d'un incontestable désintéressement, qui entraînait le sacrifice de sa haute situation. Une autre éclatante conversion fut celle de la belle Qouret-el-Aïn, poétesse de grand renom. Elle devint un des plus fervents apôtres du Bab. Ce fut elle qui prépara l'importante manifestation où la nouvelle loi fut solennellement proclamée. Peu après elle eut la tête tranchée et le Bab subit le martyre.

D'après ses disciples, le Bab ignorait l'arabe; s'il l'écrivit de si admirable façon, c'est qu'il écrivait sous la dictée de Dieu.

Béha, comme son prédécesseur le Bab, est le reflet de Dieu. De Saint-Jean-d'Acre, il écrivit au sultan Abdul-Aziz des lettres fort analogues pour le fond aux publications politiques de la Jeune Turquie, mais avec cet avantage que Dieu parle par sa bouche. Aussi le prend-il de haut et gourmande-t-il aigrement le sultan de ne point s'incliner devant la grande manifestation.

On doit plaindre les familles qui le suivirent avec des enfants en bas âge à Bagdad, Constantinople,

Andrinople, d'où elles furent dirigées, sous bonne garde, dans un complet dénuement, sur un petit port de Syrie. Toutes ces misères n'ébranlèrent point leur foi dans Béha.

Béha a publié divers ouvrages.

Dans les *Ornements,* il recommande la bonté envers les étrangers, recommandation fort utile, étant donné le fanatisme de ses concitoyens. Dans les *Paroles du Paradis* : « La gloire s'acquiert par la science, les arts, le caractère, non par le pays qu'on habite ou la situation qu'on occupe. » Donc, universalité de la nouvelle révélation, égalité des adhérents entre eux.

Dans les *Splendeurs,* il recommande d'honorer la religion, de pratiquer la paix universelle, d'observer les lois, les bonnes mœurs, de faire de bonnes actions, de proclamer l'union et l'harmonie des hommes et de ne pas se disputer pour des motifs religieux.

Les *Révélations* préconisent la fermeté dans l'amour de Dieu, des sciences et des arts, la proclamation de la présence de la divinité en Béha et dans le Bab son précurseur.

Béha est à la fois un convaincu et un grand humanitaire ; à ce titre, il est digne de tous respects.

*
* *

La tendance de l'âme humaine à la perfection par

l'expérience des vies successives, telle qu'elle est exposée dans les *Mystères des Bardes*, constitue certainement une des plus grandioses conceptions religieuses qu'ait produites l'humanité.

*
* *

Jésus seul ne peut être remplacé dans l'histoire de l'humanité.

*
* *

Le bouddhisme et le christianisme (évangélique) ont un égal dédain de la métaphysique. L'un et l'autre n'ont qu'une préoccupation, nous apprendre comment il faut vivre. Gautama exprime ironiquement son dédain pour les problèmes métaphysiques; Jésus ne semble pas y avoir songé. Toute sa métaphysique se résume en ceci : la confiance de l'enfant en son père.

*
* *

Si le Dieu de Jésus juge, surtout il pardonne.

*
* *

Par la force des événements, par l'invincible puissance du passé, le Jésus historique vit en nous.

Il n'est pas plus possible de le chasser de la production de notre personnalité que de le chasser de l'histoire.

*
* *

Il n'est nullement nécessaire de professer une foi orthodoxe pour dire : Jésus vit en moi.

*
* *

Le Christ historique vit spirituellement et universellement dans les âmes de la civilisation chrétienne, l'âme de l'incroyant en est tout imprégnée.

*
* *

Jésus historique, toujours vivant et actif en nous, agit toujours sur le monde par chacun de nous.

*
* *

Pour n'être plus vivant, Jésus n'en est pas moins vivifiant.

*
* *

Quand on débarrasse Jésus des défroques dogmatiques dont les théologiens l'ont affublé, il apparaît sur la croix, rayonnant d'un éclat incomparable.

*
* *

En plus d'un, qui se dit et se croit athée, vit la pensée de Jésus ; en dépit des apparences, l'esprit de Jésus étreint de plus en plus le monde.

*
* *

Homme animé de l'esprit divin, Jésus est l'intermédiaire qui nous relie encore le mieux à ce monde moral dont nous avons le sentiment profond.

*
* *

Jésus le dit fort nettement : il se soucie peu de ceux qui l'invoquent, s'ils ne font pas la volonté du Père. Il dit non moins nettement : La volonté du Père, c'est l'amour du prochain.

*
* *

Jamais Jésus n'a formulé de *credo*. Il ne s'inquiète pas de ce que l'on doit croire ; il se préoccupe de ce que l'on doit faire.

Croire n'est rien, bien faire est tout.

*
* *

L'antiritualisme est une des caractéristiques prédominantes de la pensée de Jésus.

Un jour, les Évangiles n'auront peut-être que peu de lecteurs, l'esprit de l'Évangile n'en planera pas moins sur le monde et la personnalité de Jésus ne cessera de grandir avec la critique historique.

*
* *

L'intuition morale, dit Giran, s'exerce dans le domaine du sentiment, tandis que la raison est l'instrument de l'esprit humain.

Jésus a été le souverain Maître de l'intuition morale : nul ne peut le déposséder de ce royaume. Qu'on lui retire ses miracles, ses visions apocalyptiques, toutes choses qui appartiennent plus à son milieu qu'à lui, cette royauté reste entière.

*
* *

Le christianisme est la religion du cœur.

Nous avons deux guides, la raison et le cœur ou intuition morale : l'un n'est pas supérieur à l'autre — selon le cas, nous devons suivre l'un ou l'autre.

*
* *

Dans son *Histoire de la tolérance religieuse*, M. Matagrin ne dissimule pas son peu de sympathie pour le sentiment religieux. Son jugement favorable à la réforme tentée par Jésus n'en a que plus de prix.

« Il s'agissait, dit-il, à la fois de séparer la religion de la politique et de simplifier le dogme, afin de développer le côté moral dans l'idée religieuse. »

Jésus voulut séparer la religion de la politique et simplifier le dogme ; telle est bien la substance de l'Évangile. Ce n'est pas sa faute si le christianisme a plus envahi la politique que le polythéisme (toujours religion d'État) et si la complication du dogme a dépassé en obscurité les plus ténébreuses élucubrations des sophistes.

Sans doute, l'Évangile renferme des parties aujourd'hui inadmissibles ; il n'en expose pas moins, avec une simplicité admirable, un fonds de vérité éternelle dont notre cœur a besoin.

***

Dans l'Évangile, le service de Dieu ne fait qu'un avec l'amour du prochain.

***

La croix est le symbole du sacrifice de soi, c'est-à-dire de ce qu'il y a de plus noble dans le monde.

Ce symbole sublime a été déterminé historiquement. On ne détruit pas l'histoire ; on ne détruit pas un symbole historique répondant à un besoin toujours nécessaire. Tenter de faire disparaître Jésus de l'histoire est une entreprise mauvaise et vaine.

*
* *

Le christianisme nous a apporté une nouvelle conception de la vie en nous libérant de la dureté antique.

*
* *

Jésus n'a voulu rien connaître en dehors du domaine du cœur ; il l'appelle son royaume parce qu'il en est l'incontestable Roi. Le cœur et la raison sont nos guides; celle-ci nous conduit à l'utile, celui-là au sublime.

*
* *

Dans l'Évangile, l'amour du prochain et l'amour de Dieu ne font qu'un — c'est ce que Jésus appela le « royaume de Dieu ».

*
* *

La révolution rêvée par Jésus fut une révolution toute morale, c'est-à-dire la plus grande révolution possible, puisqu'il se proposait de refaire le cœur de l'homme ; il a réussi, autant que la nature humaine le comportait.

Il fut guidé nécessairement moins par des idées précises que par un sentiment vague, impossible à formuler nettement à cause de sa sublimité même.

Ce vague sublime, susceptible de s'adapter à tous les temps, conserve à l'esprit de Jésus une éternelle jeunesse.

⁂

Malgré ses imperfections — provenant en partie de son concubinage avec l'État — l'Église chrétienne ne nous a pas moins conservé, pour le plus grand bien de l'humanité, le type de son fondateur.

Nul homme n'a été en communion plus intime avec Dieu que Jésus ; de là son incomparable puissance d'action sur ses disciples et sur les masses. Il vécut de son Père, en son Père et par son Père — son Père était bien la source dont il se sentait émané.

Mahomet communiquait avec Dieu par l'ange Gabriel. Il n'y a aucun rapport entre le Tout-Puissant de l'islam et le Père de Jésus. La caractéristique du Dieu de Mahomet est la puissance, celle du Dieu de Jésus est la bonté.

La conception du Dieu-Père a bien été le plus

grand idéal offert au besoin de consolation de l'homme.

*
* *

L'amour du prochain était son être même.

L'amour du Père et l'amour de ses frères se confondaient en lui en un seul et unique amour. S'il est devenu plus qu'un homme, c'est qu'il a aimé plus qu'aucun homme.

*
* *

Ce fut sans doute une grande audace de Jésus, de parler sans cesse et si haut de la bonté divine aux pauvres, aux lépreux, à tous les déshérités de la nature ou de la fortune. N'est-ce pas étrange ? ces déshérités l'ont cru. Ce sont les souffrants qui ont eu foi dans la bonté divine, parce qu'ils y trouvaient l'espérance.

*
* *

Qu'un homme ait aimé Dieu de toute son âme, qu'il ait vécu avec lui dans une intimité parfaite, c'est là assurément un fait contraire à tout ce que nous connaissons de l'antiquité antéchrétienne.

Nancy, impr. Berger-Levrault et Cie.

ARDOUIN-DUMAZET

VOYAGE EN FRANCE

en 51 volumes

COURONNÉ PAR L'ACADÉMIE FRANÇAISE
LA SOCIÉTÉ DES GENS DE LETTRES, LA SOCIÉTÉ DE GÉOGRAPHIE DE PARIS
LA SOCIÉTÉ DE GÉOGRAPHIE COMMERCIALE DE PARIS
LE TOURING-CLUB DE FRANCE
ET LA SOCIÉTÉ NATIONALE D'AGRICULTURE DE FRANCE

Volumes parus

1. Morvan, Val de Loire et Perche.
2. Des Alpes mancelles à la Loire maritime.
3. Les Iles de l'Atlantique : I. D'Arcachon à Belle-Isle.
4. — II. D'Hoëdic à Ouessant.
5. Iles de la Manche et Bretagne.
6. Cotentin, Normandie.
7. Région lyonnaise.
8. Le Rhône, du Léman à la mer.
9. Bas-Dauphiné.
10. Les Alpes, du Léman à la Durance.
11. Forez, Vivarais, Tricastin, Comtat-Venaissin.
12. Alpes de Provence, Alpes maritimes.
13. Région marseillaise, Côte d'Azur.
14. La Corse.
15. Charentes et Plaine poitevine.
16. De Vendée en Beauce.
17. Vexin, Picardie et pays de Caux.
18. Nord : I. Flandre et Littoral.
19. — II. Artois, Cambrésis et Hainaut.
20. Haute-Picardie, Champagne rémoise, Ardennes.
21. Haute-Champagne, Basse-Lorraine.
22. Plateau lorrain, Vosges.
23. Plaine comtoise, Jura.
24. Haute-Bourgogne.
25. Basse-Bourgogne, Sénonais.
26. Berry, Poitou oriental.
27. Bourbonnais, Haute-Marche.
28. Limousin.
29. Bordelais, Périgord.
30. Gascogne.
31. Agenais, Lomagne, Bas-Quercy.
32. Haut-Quercy, Haute-Auvergne.
33. Basse-Auvergne.
34. Velay, Vivarais méridional, Gévaudan.
35. Rouergue, Albigeois.
36. Cévennes méridionales.
37. Golfe du Lion.
38. Haut-Languedoc.
39. Pyrénées, partie orientale.
40. Pyrénées centrales.
41. Pyrénées, partie occidentale.

RÉGION PARISIENNE :

42\. — I. *Nord-Est :* Le Valois.
43\. — II. *Est :* La Brie.
44\. — III. *Sud :* Gâtinais français et Haute-Beauce.
45\. — IV. *Sud-Ouest :* Versailles et le Hurepoix.
46\. — V. *Nord-Ouest :* La Seine, de Paris à la mer. Parisis et Vexin français.
47\. — VI. *Ouest :* L'Yveline et le Mantois.

Volumes en préparation

48, 49, 50. Paris, 3 volumes.
51\. La Banlieue de Paris.

Chaque volume in-12, d'environ 400 pages, avec cartes, br. 3 fr. 50
Élégamment cartonné en toile souple, tête rouge. . . . 4 fr.

Envoi gratuit, sur demande, du prospectus détaillé des volumes de la collection (brochure de 24 pages avec 2 cartes d'ensemble).

OUVRAGES DE M. LE CONTRE-AMIRAL **RÉVEILLÈRE**

MÉGALITHISME

Élégant volume in-12. 1900. Broché. . . . . . . 2 fr.

AUTARCHIE

Collection d'élégants volumes in-12 ; l'exemplaire broché. **2 fr.**

VERS L'INCONNU
L'INACCESSIBLE
ESPOIRS ET DOUTES
EN QUÊTE DE LUMIÈRE
HYPOTHÈSES ET CROYANCES
LIBRES PENSÉES CHRÉTIENNES
PENSÉES D'UN LIBRE CROYANT
LIBRE PENSEUR ET CHRÉTIEN
AUTARCHIE RELIGIEUSE
DOUTES ET HYPOTHÈSES
POLITIQUE AUTARCHISTE
MÉDITATIONS D'UN AUTARCHISTE
SUR LE PONT
CHRISTIANISME ET AUTARCHIE
PROPOS D'AUTARCHISTE
EXTENSION. EXPANSION
RECHERCHE D'IDÉAL
CROIX ET CROISSANT
L'EUROPE-UNIE
TUTELLE ET AUTARCHIE
UN COUP DE SONDE
DANS L'OCÉAN DES MYSTÈRES

LA CONQUÊTE DE L'OCÉAN

Un volume in-12 de 355 pages, broché . . . . 3 fr. 50

Nancy, impr. Berger-Levrault et Cie

www.ingramcontent.com/pod-product-compliance
Ingram Content Group UK Ltd.
Pitfield, Milton Keynes, MK11 3LW, UK
UKHW020324250726
13967UKWH00004B/1838